Fürchtegott Schemaja Lebrecht

Die Stadt Bether im hadrianisch-jüdischen kriege

Fürchtegott Schemaja Lebrecht

Die Stadt Bether im hadrianisch-jüdischen kriege

ISBN/EAN: 9783742867582

Hergestellt in Europa, USA, Kanada, Australien, Japan

Cover: Foto ©ninafisch / pixelio.de

Manufactured and distributed by brebook publishing software (www.brebook.com)

Fürchtegott Schemaja Lebrecht

Die Stadt Bether im hadrianisch-jüdischen kriege

Bether.

Die fragliche Stadt im Hadrianisch-jüdischen Kriege.

Ein 1700jähriges Missverständniss.

Beitrag zur Geschichte und Geographie des alten Palästina
mit historischen Beilagen in hebräischer
Sprache

von

Dr. F. Lebrecht.

Berlin 1877.
Adolf Cohn Verlag & Antiquariat.

Dem theuern Andenken

des hochwürdigen Honorar-Rabbiners, Vorstehers der Gemeinde Memmelsdorfs und Mitglieds des Vorstandes der Landschaft Grabfeld in Franken

Rabbi Wolf Nordheimer (gest. 1826)

widmet im hohen Alter mit frommen Rückblick auf das Grab zu Ebern diese Blätter

der dankbar liebende Enkel.

Vorwort.

Nicht Entwickelung eines neuen wissenschaftlichen Systems tritt in den folgenden Blättern an den Leser, der Rechenschaft über die leitenden Grundsätze gern in der Vorrede hört, wohl aber tritt hier ein neuer Gedanke in die verschiedenen Angaben über die Oertlichkeit einer in der Geschichte des Heiligen Landes oft und hervorragend genannten Stadt. Eine auf glücklicher Vergleichung ruhende Neuheit hat mich, durchdrungen von dem hohen Grade ihrer Wahrscheinlichkeit und den Folgen für die Geschichtskunde dieses Zweiges, ermuthigt, nicht aus 99 Schriften über den Gegenstand die hundertste zu fertigen, sondern vielen Arbeiten gegenüber, welche entweder auf einander vererbten, oder sich einander ablösten, eine neue aus selbst erworbenen Mitteln aufzustellen. Ich habe den Kernpunkt der Neuheit Bether-Veter nicht als einzelnes geflügeltes Wort hinstellen wollen, sondern mit Gegebenheiten (Data) aus jenem geheimnissvollen Krieg befestigt, so dass der geschichtskundige Leser manche neugewonnene Ansicht findet, der kundebedürftige aber ein anschauliches Bild des Krieges und seiner leitenden Personen zur Uebersicht vorfindet. Dass hier Sagen zu Erzählung von Thatsachen erhoben, umgekehrt als Thatsachen ausgegebene Erzählungen auf ihren Sagenwerth zurückgeführt werden, mag der vorurtheilsfreie Leser prüfen. Dass meine Beweisführung über die

Einerleiheit des rabbinischen ביתר mit vetera von Sephoris von mancher Seite in Anspruch genommen werden kann, will ich nicht bestreiten, aber andererseits kann nicht bestritten werden, dass das rabbinische ביתר mehr Fiction als topographische Wahrheit enthält. Ob der Name sprachlich aus Veter, oder schriftlich aus בית רמון (siehe Anhang), sei dahingestellt. Es hat jedenfalls ein Missverständniss stattgefunden, das, durch Jahrhunderte festgewurzelt, dem von mir geltend gemachten Gedanken den Eingang in den Kreis der Forschungen verschloss. Geographisch habe ich den Kriegsschauplatz nach den besten Vorarbeiten und eigenen Mitteln zu verwerthen gesucht und manches Neue wird man über die Stadt Sephoris und die Ebene Jisreel lesen. Das Bedürfniss, eine Erklärung zu geben, fühl' ich bei den Namen Jochanan b. Sakkai und Josephus Flavius, welchen ich auf mehreren Seiten der Schrift, bald im Texte, bald in Anmerkungen harte Wahrheiten nachgerufen habe, dem Ersten vorwerfend, dass er den Frieden für seine Person vom Feinde erkauft, dem Zweiten, dass er seine Person selbst dem Feinde verkauft. Beide lebten zusammen von mehr oder weniger Sündenlohn im feindlichen Lager, im Angesichte der belagerten Stadt, wo die bewaffneten Patrioten hungerten und bluteten, die schwachen Priester aber sich unter der Asche des Tempels begruben, nachdem sie dessen Schlüssel dem Himmel zurückgegeben. Beide Männer waren geistreich und auf verschiedenen Feldern verdienstvoll gelehrt, aber beider Hände lagen in einander zu Plänen gegen das zum Todeskampfe bereite Vaterland, beider Zungen wetteiferten gleichzeitig in der verabredeten Prophezeihung der Kaiserwerdung Vespasians, und beider politische Führung werden von den Alten verachtet, oder ignorirt, und ist Josephus mit Dumouriez und Jochanan mit Joh. v. Müller zu vergleichen. Auffallend ist, dass man den Abfall des Jochanan im Talmud nur angedeutet und möglichst geschont hat, und selbst ein deutlich unedler Schritt gegen das Hillel'sche Haus wird von Raschi und später zur Schonung und gegen die deutliche Wahrheit, sogar als eine edle That aus gelegt: R. Jochanan sagt Gittin 56.b zu Vespasian: Gieb mir die Kette, das Nachfolgerecht im Patriarchat, des Hauses Gamaliels, mit andern Worten: **stoss es vom Schulthrone und setze mich darauf!** Scherira und Natan b. Jechiel erklären nur wörtlich, ohne weitere Bemerkung, ersterer aber mit dem vorwurfsvollen Worte חבעי. Raschi dagegen dreht die böse Forderung in eine edle, als hätte der Feind des Hauses Gamaliels um dessen Rettung und Wohl gebeten! Josephus aber war nicht bloss ein Verräther, er prahlte sogar mit seinem Verrathe. Diesem verdankte seine Person die Wohlthaten der Flavier, seine Schriftstellerei die Gunst der Christen, welche ihn von Eusebius und Hieronymus an trotz seiner Unglaubwürdigkeit für einen grossen Geschichtschreiber ausgegeben und ihn den jüdischen Livius genannt haben. Die römischen Zeitgenossen von Ansehen haben, wie wir gesagt, nichts von ihm wissen wollen und jüdische Schriftsteller sollten auch nicht soviel von ihm wissen wollen, sollten seine feindliche Angaben mit mehr Vorsicht benutzen. In Talmud und Midrasch wird Josephus' Namen nicht genannt, obgleich er so viele talmudische Nachrichten und hunderte von Gesetzen und Auslegungen der h. Schr. mit den alten Rabbinen theilt. Auch scheint keiner von den vielen Besuchern Roms aus Palästina um seine Freundschaft geworben zu haben. Es war also mehr Absicht als Unkunde, dass sein Name unterdrückt wurde.

Wir wollen noch auf die besondere Erscheinung hinweisen, dass drei der vornehmsten Juden es waren, welche den grössten Feind ihres Volkes auf den Thron gehoben: die beiden Genannten und Tiberius Alexander, welcher freilich auch den jüdischen Glauben verleugnet hat.

Den Gedanken der Arbeit בימי = vetera habe ich in der Vossischen Zeitung vom 5. April d. J. in einer Anzeige über Zunz gesammelte Werke veröffentlicht. Die ganze Abhandlung zum Theil in der weitgelesenen Viertel-Jahresschrift: Magazin f. d. Wissensch. des Judenth., herausgegeben von den DD. **Berliner** und **Hoffmann**. Dritter Jahrg. 1876, 1. Quart. Hier erscheint sie als wesentlich umgestaltete neue Arbeit mit den historischen Beilagen, wo auch über die Zeit des Krieges das Nöthige kurz gesagt wird.

Mit langer Untersuchung über die wichtige Stelle im Seder Olam Rabba C. 30 wollte ich des Lesers Geduld nicht bemühen, und es genügt auf die Namen der Männer hinzuweisen, welche diese verstümmelte Chronologie richtig stellen wollten. Auch mit Polemik gegen Vorgänger verschone ich den Leser und lasse ihn hauptsächlich nur das hören, worin ich keinen Vorgänger habe, nämlich die Einerleiheit von ביתר = Vetera. Wir haben in der alten Geographie bisher nur zwei Städte unter dem Namen Vetera: Xanten in Deutschland und von dem alten Reisebuch des Antoninus (?) ein nicht näher bezeichnetes in Palästina. Mein Veter, wäre in diesem Städtebunde das Dritte.

Berlin Ende August 1876.

Inhalt.

	Seite
Vorwort	V—VIII
Einleitung	1
Uebersicht der Begebenheiten des hadrianischen Krieges	5
§. 1. Anhang	6
§. 2. Fortgang	8
§. 3. Die Städte Tur Malka, Tur Schimoer und Bether	10
§. 4. Der Ausgang	10
§. 5. Ueberblick des Lebens der Helden von Bether, Bar Koseba	12
§. 6. Namen und Charakter des jüdischen Anführers	13
§. 7. Fortsetzung	16
§. 8. Koseba oder Kocheba noch einmal	17
§. 9. Die vier jüdischen Quellen	20
§. 10. Wichtige Bedenken gegen die Existenz eines alten Bether	21
§. 11. Fortsetzung	24
§. 12. ביתר nach Gründung und Namen römisch	27
§. 13. Fortsetzung	28
§. 14. Castra in hebräischer Form	29
§. 15. Das Hühnerpaar von Tur Malka	31
§. 16. Das Huhn von ביתר (?)	32
§. 17. Ergebnisse	35
§. 18. Der Fluss יורדת הצמון	38
§. 19. Sephoris als Castra vetera in römischer Quelle	39
§. 20. Nachtrag	41
Hebraische Beilagen	43
Register und Zusätze	51

Einleitung.

In den finstern Zeiten der germanisch-christlichen Reaction, welche nur einige Schritte hinter uns liegen, war einer der üblichsten Vorwürfe der Stimmführer dieser Richtung gegen ihre jüdischen Opfer, es gehöre der Kriegsmuth nicht zu deren angeborenen Tugenden und es fehle ihnen die damit zusammenhängende Fähigkeit und Liebe, das Vaterland zu schützen. Man hielt diesen Vorwurf gegen besseres Wissen und Erfahrung starr aufrecht, selbst nachdem er im grossen Kampfe gegen Napoleon I., wo jüdische Deutsche und jüdische Franzosen sich auf den Wahlstätten für ihr jeseitiges Vaterland ehrenvoll massen, zur boshaften Lüge geworden war, und noch im Vorjahre der März-Revolution, im vereinigten Landtage hatte v. Beckerath es für nöthig erachtet, durch Vorführen von Episoden aus den Jahren 1813—15 Beweismittel zu sammeln für die Behauptung, dass auch die Söhne dessen nicht aus der Art geschlagen sind, der den Muth gehabt, mit seinen 318 Burschen 4 siegreiche Könige zu verfolgen, zu besiegen und den Besiegten, durch hochherzige Freigebigkeit zu trösten. Seit den letzten Kriegen innerhalb Deutschlands, und besonders seit dem des vereinten Deutschlands gegen die Fremden, ist der Vorwurf in einen Schlupfwinkel gedrängt, aus dem er die eiserne Stirne zu stecken nicht mehr so leicht wagt. In früheren Jahren wiesen die wohlwollenden Beurtheiler des Characters der Juden zur Bekämpfung jenes in sich bodenlosen Vorwurfs auf die Heldenkämpfe der Makkabäer hin, und, sie leben hoch! diese Todten von Modain, deren Begeisterung für Gott und Unabhängigkeit des Vaterlandes durch Todesverachtung geschärft und durch Ausdauer gekrönt wurde. Aber die Geschichte des jüdischen Volkes hat nach der Zerstörung Jerusalems noch einen mehrjährigen Unabhängigkeitskrieg aufzuweisen, der an Opferfähigkeit auf dem Blutwege kriegerischer Tugenden nicht blos die Thaten der Makkabäer, sondern die Thaten der meisten Heldenkriege anderer Völker alter Zeit übersteigt. Wir sprechen hier von dem Riesenkampfe des eben durch Trajan gebrochenen Völkchens der Juden gegen den römischen Koloss unter Hadrian, um die Stadt, welche seit 17 Jahrhunderten fälschlich Bettar oder Bittar genannt wird, und deren Grab wie das Grab Mosis niemand zu finden weiss, das aber, und damit auch den wahren Namen der begrabenen Stadt zu entdecken mir vergönnt war. Ueber die örtliche Lage der Stadt ist dem Talmud und Midrasch kein Nachweis abzugewinnen. Wir finden nur die einzige Bemerkung, dass sie nicht weit vom Meere gelegen habe. Aber die Benutzung dieser Angabe wird uns gleich wieder verleidet, indem die eine Stelle die Entfernung vom Meere mit Einer (römischen) Meile misst, die andere mit vier Meilen, die dritte endlich mit vierzig Meilen, wodurch der Nachweis ganz und gar nichtssagend wird und höchstens negativ benutzbar ist, dass der Ort nicht an der Küste gelegen habe. — Die Orthographie des Namens ist im babylonischen Talmud mit einem einzigen Tau (ביתר), im hierosolymitanischen mit zwei Tau (ביתתר). In neuern Ausgaben kommt einmal (Mischna Ta-anit IV,6) willkürlich בתר und einmal ביותר vor (Mischna Challa IV, 10), die ältern Ausgg. haben stehend ביתר, die E. p. der Mischna hat (Challa) ביתר. Die nichthebräischen Autoren des Alterthums haben die hierosolymitanische Schreibart $B\eta\vartheta\vartheta\alpha\rho$ und der älteste Kirchen-Schriftsteller Ariston von Pella hat $B\iota\vartheta\vartheta\eta\rho\alpha$ und $B\iota\tau\vartheta\eta\rho\alpha$.

Bei Bestimmung der örtlichen Lage der räthselhaften Stadt habe ich die Fusstapfen aller gelehrten Vorgänger verlassen, nachdem eine geschichtliche Erscheinung aus dem Kriegsleben der Römer mir einen Wink auf die Gegend hinterliess, welchen ich mit kritischer Vergleichung begrüsst habe und dem ich bis zu einem neuen Ergebniss gefolgt bin. Zum Aufbau meiner Stadt habe ich schwere Baumstämme zu fällen und unter Gefahr des Misslingens zu behauen, aber ich hoffe, es wird bei dieser Arbeit soviel gesundes Bauholz abfallen, dass selbst, wenn der Hauptstamm bricht, doch schöner Baustoff genug zu kleineren Ausführungen aus der Arbeit zu gewinnen sein werde (תרנגולא ,טור מלכא u. s. w.).

Was meine Quellen des Krieges betrifft, so sind die jüdischen dürftig und von Legenden geschwängert, die auswärtigen nicht ganz original mehrentheils aus jüdischen Mittheilungen geflossen, welche theils entstellt wurden, weil man sie nicht verstanden, theils trotzdem dass man sie verstanden. Römische Quellen sind merkwürdigerweise nicht vorhanden, wenn man das späte Machwerk von Spartian nicht für Quelle nehmen will. Spartian giebt bei seiner Darstellung des Lebens Hadrians weder Jahreszahlen noch geographische, oder Personen-Namen an, so dass man von seinem Buche sagen kann, es sei s. l. c. a. erschienen.[1]) Die einzige wahrhafte alte und römische Quelle sind die an Zahl sehr wenigen, an Sinn sehr vielsagenden Worte des Cornelius Fronto an Mark Aurel, wovon Näheres unten. §. 4. Diese Worte zeigen uns auch, warum es keine andern Quellen weder in lateinischer noch in griechischer Sprache giebt: Es wagte kein Schriftsteller auf Seiten der Spätsieger zu sagen, dass den Siegen so viele Niederlagen vorhergingen und sogar von einem von ihnen verachteten Völkchen beigebracht worden waren. — Eine Merkwürdigkeit

---

[1]) Das Schweigen der zeitgenossenschen Schriftsteller wird noch einer Erklärung bedürftiger, wenn man weiss, dass Hadrian berühmte Geschichtschreiber in seiner Umgebung gehabt, darunter Plutarch. Ja Sueton war der Kabinetssecretair des Kaisers (magister epistolarum) in der ersten Zeit seiner Regierung bis etwa 122 und das Schweigen dieses sonst nicht schweigsamen Autors könnte mittelbar, wenn auch nicht unwiderleglich beweisen, dass der jüdische Krieg in eine Zeit fällt, wo er schon in Ungnade gefallen war.

bei den jüdischen Quellen ist noch die, dass sie nur von der endlichen Katastrophe des eigenen Volkes wissen, diese mit Legenden ausschmücken und mit Fabeln vergrössern. Wo ein russischer Schlachtbericht uns versichern würde, dass Ein Kosak gefallen ist, lässt R. Jochanan Myriaden Juden wie Einen Mann fallen. Von den Siegen der Juden ist kein bestimmtes Wort da, nur schwache Andeutungen. Freilich, da von der Regierung es übel vermerkt worden wäre, wenn R ö m e r von den Siegen der Juden geschrieben hätten, so wäre es mehr als übel vermerkt worden, wenn J u d e n solches gewagt hätten. Ein zwingender Beweis für diese Behauptung sind die historischen Schriften des Josephus Flavius und neben ihnen die untergangenen des Justus von Tiberias. Der Erstere nicht bloss Schmeichler der Flavier, denen er sich zu Gunsten des Volksverrathes verkauft hat, sondern Schmeichler der Römer im Allgemeinen auf Kosten der unterlegenen Landsleute wird mit Wohlthaten überhäuft, auch in seiner schriftstellerischen Leistung von Titus gefördert, während Justus, der erst für sein Volk gekämpft und dann geschrieben hat, froh sein musste, mit dem Leben davon gekommen zu sein, wird der Lobhudler fett gefüttert und sein Werk vom Kaiser selbst gelobhudelt. Diese kaiserliche Empfehlung hat jedoch wenig Erfolg bei den besseren Schriftstellern Roms davongetragen. Tacitus und die beiden Plinius scheinen einen Josephus zu kennen, aber schämen sich ihn zu nennen. Auffallend ist das Stillschweigen des ältern Plinius, der doch täglich mit Vespasian arbeitete und die beste Gelegenheit hatte von Josephus zu sprechen. Ja Sueton im Vespasian nennt ihn als einen vornehmen Gefangenen, aber vom Schriftsteller Josephus ist keine Rede. Auch Plinius der jüngere, der gern und freundlich von so vielen ältern Zeitgenossen spricht, ist stumm über diesen „vornehmen Gefangenen." Die vornehmen Schriftsteller Roms waren über dessen Charakter wahrscheinlich weniger nachsichtig als die spätere Zeit, welche aus Mangel an Bessern, die Parthei-Redensarten, Erfindungen und falschen Darstellungen mit sammt den kirchenväterlichen Einschiebseln des talentvollen Käuflings dankbar hinnehmen muss. Bei solcher schwachen Stellung der Unabhängigkeit der alten Schriftsteller darf man sich nicht fragen, warum so viele **gegen** Bar Koseba geschrieben und so wenige **für** ihn.

Von den Bearbeitungen des Stoffes nach den Quellen war das Werk des Franzosen H. Basnage (seit 1707 in verschiedenen Ausg. in dessen L'histoire de la religion des juifs) herrschend. Seit 1820 war M. Jost der tonangebende Beherrscher des Thema's, bis vom Anfange der 2. Hälfte unseres Jahrhunderts mit mehr kritischen Mitteln S. Cassel[2]), H. Ewald[3]) und H. Grätz[4]) auftraten, durch welche die Bearbeitung eine neue Gestalt annahm. Auch Jost selbst vervollkommte sein Fortschreiten später in seiner Geschichte des Judenthums und seiner Secten. Leipzig 1857. 3 Bde. Von Monographie'n kenne ich nur die an Benutzung externer Quellen reiche Schrift von Münter[5]), der aber die hebräischen Quellen nur aus Basnage und Eisenmenger kennt. Eine andere noch ungedruckte Einzel-Arbeit über diesen Gegenstand, von welcher ich gehört habe, ist eine gekrönte Preisschrift von Dr. Salzer, jetzt Rabbiner in Schnaitach aus den 60er Jahren. Die siegende Preisschrift muss sich durch ein bedeutendes Verdienst hervorthun, denn E., der Mitbewerber Salzer's, ist eine bedeutende Kraft. Möge Herr Dr. S. seine gewiss fleissige Arbeit bald veröffentlichen.

Uebersicht der Begebenheiten des hadrianischen Krieges.

Bei dem Mangel an beglaubigten Quellen, bei der Erscheinung, dass die Römer erst spät das Schwert, die Feder

---

[2]) Artikel „Juden" in Ersch und Grubers Encyclopädie ect. II. B. 27.
[3]) Geschichte des Volkes Israel. Band 7.
[4]) Geschichte der Juden. Band 4.
[5]) Der jüdische Krieg unter den Kaisern Trajan und Hadrian von Dr. F. Münter, Bischof von Seeland. Altona und Leipzig bei Hammerich. 1821.

aber gar nicht gut über diesen Krieg zu führen wussten, können wir nur von den Hülfsmitteln der Wahrscheinlichkeit zehren, und, mit diesen Mitteln versehen, werde ich auf Grundlage der jüdischen Angaben den Ueberblick der Begebenheiten zusammenstellen, ohne dabei „wahrscheinlich", oder „es scheint dass" zu wiederholen:

§ I. Anfang.

Wie der 30jährige Krieg in Deutschland an dem Orte beendigt wurde, an welchem er begonnen, in Prag, so war es auch mit dem Verlaufe des Hadrianischen jüdischen Krieges: In der Ebene von Beth Rimmon[6]) hat er parlamentarisch begonnen und in derselben Ebene hat er blutig geendigt. Genesis rabb. 64 ist die Ueberlieferung von dem herausfordernden Wortbruch des Kaisers Hadrian[7]). Den heiligen Gottes-Tempel in Jerusalem versprach er zu bauen und baute nicht nur nicht diesen, sondern den unheiligen Jupitertempel, anstatt und sogar an Stelle des erstern[7,a]). Das Volk wollte sich erheben, angefeuert von Akiba, welcher dieser Versammlung den von ihm erkannten Feldherrn Bar Koseba mit den Worten היינו מלכא משיחא[8]) vorgestellt und

---

[6]) בקעת בית רמון, einerlei, oder doch in nahem Zusammenhange mit der Ebene Jisreel, auch „μέγα πεδίον das weite Feld" genannt. Davon die schön entsprechende Uebersetzung: בקעת ידים st. בקעת רחבת ידים. Diese Erklärung zugegeben, ist der neuere Streit darüber, ob diese Ebene in Palästina oder bei Alexandrien ist, nur eine rixa de lana caprina. ידים ist nicht n. p. sondern adject. Die berühmte Ebene Jisreel hat ausser den genannten 4 Namen noch folgende: 1. Asochis. 2. campus legionis. 3. Dothaim. 4. Megiddo. 5. Die Säge (Judith III, 9). Letzteres durch eine falsche Lesart. בקעת בית רמון sollte vielleicht רומן 'ב, 'ב heissen und eine Hebräisirung von campus legionis sein.

[7,a]) Nach der Behauptung derer, dass der Krieg wegen der Erbauung des heidnischen Tempels der Aeliacapitolina in Jerusalem entstanden, wäre in der Mischna Taanit IV, 6 statt ונלכדה ביתר ונהרשה העיר zu lesen: ונהדשה (=ונתחדשה) העיר ונלכדה ביתר.

[8]) Diese Worte zeugen auch über den Begriff Akiba's von Messias: Er brauchte nicht unmittelbar vom Himmel herunter zu steigen und keinen Vorläufer im Propheten Elias zu haben, sondern nur ein irdisch hochbegabter Mann zu sein.

auf Tausende von Jüngern zurücksehen konnte. Es entspann sich ein wohl mit Erbitterung geführter Streit. zwischen Akiba und Jochanan ben Thoretha. Akiba war schon früher so fest von der bevorstehenden Erlösung überzeugt. dass er die Anwesenheit eines Schakals in der Ruine des Tempels (Hadrian) für ein günstiges Vorzeichen grüsste (Trakt. Makkoth Ende). Vgl. Pesachim 116. b; Synhedrin 97. b; wo Akiba seinen glühenden Wünschen für Erlösung Ausdruck giebt. Er proklamirte jetzt den kräftigen Barkoseba als den Erlöser. wogegen Jochanan mit Bitterkeit sagte: Akiba. du wirst ins Gras beissen (יעלו עשבים בלחייך) [9] und der Sohn David wird noch nicht kommen. Man rief den bei Hof angesehenen Josua ben Chanania, der zugleich als Lehrer auf Akiba Einfluss hatte. herbei. welcher wie sein verstorbener Lehrer Jochanan ben Saccai gut römisch und eben zur Verhandlung mit dem Kaiser im höchsten Greisenalter nach Egypten gereist war. Er trug eine Fabel vor aus Aesop (Fabel 102). in welcher er nur den für die Säuglinge der Wölfin besser passenden Wolf mit einem Löwen schönfärbend vertauschte [10] und deren schwachmüthiger Sinn war: „dankt Gott. dass ihr lebt bei diesem Volke und nicht gefressen werdet!" Dass Jos. die

---

[9] Jerusch. Ta-anit IV. 5 יעלו עשבים בלחייך kann mit dem deutschen „ins Gras beissen" eher wiedergegeben werden als mit der Uebersetzung: Gras aus der Kinnlade wachsen, da ja überhaupt nicht Gras aus der Leiche wächst. Wie hier in Jeruschalmi die deutsche Umschreibung des Begriffes Sterben, so ist im Babli (Baba bathra 17) das lateinische humum mordere in dem Satze עפרא לפומא דאיוב, was ganz dem althebräischen לחך עפר entspricht.

[10] Mit dem קודא מצראה scheint Jos. auf seine eigene Person anzuspielen. Er hat sich damals in Egypten aufgehalten und scheint den Römern wichtige Dienste geleistet zu haben. Irgend einen Ausspruch an Hadrian müssen die Juden damals gehabt haben, wenn der Vergleich in der Fabel gerechtfertigt sein soll. Man sagte auch, die Juden haben den Lucius Quietus, den Hadrian gehasst und gefürchtet hat. zum Falle und dahin gebracht, dass ihn Hadrian mit einem Schein von Recht konnte hinrichten lassen.

Versammlung umgestimmt habe, wird nicht gesagt, es scheint vielmehr, dass er selbst, wie sein genannter Lehrer fortan sich unter römischem Schutze hielt,[11]) während die Patrioten den Krieg begannen. Es ist wenigstens kein Ausspruch von Josua aus der Zeit während des Krieges oder gar nach dem Kriege bekannt.

§ 2. Fortgang.

Von der Rimmon-Ebene aus konnte das feste von den Römern besetzte ביתר mit den in der Gegend von Antipatris lagernden Jüngern Akiba's leicht überfallen werden und der eiserne Barkoseba es zum Mittelpunkte seiner Bewegungen machen. Die streitbaren Schüler Bether's waren die hinein verlegten Schüler Akiba's. Er drang von da aus nördlich bis zum Libanon und südlich bis über Jerusalem hinaus. Von Dan bis Bersaba gehörte das Land den Freiheitskämpfern, aber während sie siegreich in Judäa und Galiläa die Römer vor sich hertrieben oder von sich abhielten, fielen ihre bisherigen Waffengenossen, die Samaritaner, von ihnen ab, öffneten ihr Land den Feinden, welche nun die jüdische Stellungen durchbrachen und vereinzelt überwältigten. Die Verbindung der jüdischen Krieger war nun in Samarien mitten durchschnitten, das Meer gehörte ganz den Römern. zu einer Seewehr scheint Barkoseba es nie gebracht zu haben, und der Kaiser, welcher überhaupt kein Freund vom Kriege war und schon die Belagerung von ביתר satt hatte und aufgeben wollte, war durch den Abfall Samariens wieder kriegslustig geworden und mit Hilfe des besten Feldherrn Roms, Uebermacht an Truppen, Lebens- und Kriegsmitteln gelang es ihm, die Ebene Rimmon zum furchtbaren Blutfelde zu machen, die Festung, um welche

---

[11]) Rabbi Jochanan ben Sakkai hielt sich nach der Zerstörung des Tempels noch in Jerusalem auf und lehrte in ברור חיל = φρούριον Ehel in Mitten der römischen Besatzung. Vgl. Katubot 66, b und Synhedrin 32 b.

der mörderische Kampf schon so lange gewüthet, zu erobern und die ins Freie in die Ebene Rimmon Entkommenen mit aller Rachgier wegen der grossen Verluste niederzuhauen. Dort fielen die Letzten der unabhängigen Juden, sie haben dort Alles verloren, nicht aber die Ehre, die Ehre des Heldenmuthes für die gerechteste Sache, für Unabhängigkeit und Vaterland. In die Uebersicht der Begebenheiten dieses Krieges gehört die Angabe über die wichtigsten Städte, welche als Schauplätze desselben genannt werden. Es sind **Bether, Tur Malka, Jerusalem** und **Sephoris**. Die beiden erstern bespreche ich sogleich, von Sephoris unten vielfach, über **Jerusalem** schweigen die jüdischen Quellen gänzlich, obgleich es von B. Koseba den Römern entrissen worden sein muss, da es von Hadrian zurückerobert wurde.[12]) und mehrere Münzen die Herrschaft B. Koseba's über Jerusalem wenigstens zwei Jahre lang bezeugen. Es war bei den jüdischen Autoren System nur von den Niederlagen des eigenen Volkes, nicht von seinen Vortheilen zu sprechen, am wenigsten den verhassten **Bar Koseba** zu verherrlichen. Doch dürfte auch die Wahrscheinlichkeit Geltung gewinnen, dass Jerusalem nicht von den Juden erobert wurde, sondern, dass es von Juden nach der Zerstörung noch vielfach bewohnt war. Wir finden nicht bloss die römisch „gutgesinnten" wie **Jochanan ben Sakkai** dort, sondern auch verschiedene andere Gelehrte, selbst den römisch übelgesinnten **Akiba** dort in Gesellschaft anderer Tanaiten unbehindert umhergehen und zwar selbst noch zur Zeit Hadrians, der ja beim Antritt seiner Regierung den Juden den Tempel zu bauen versprochen hatte, der jüdische Tempel ohne Juden ist doch aber nicht denkbar. Unter solchen Verhältnissen haben die Juden Jerusalem bewohnt, ohne es erobert zu haben, und erst beim Kriege setzte es B. Koseba in Vertheidigungszustand, ohne von der jedenfalls schwachen römischen Besatzung darin gestört zu werden, und Hadrian musste die Stadt nun mit den Waffen wieder an sich bringen.

---

[12]) S. das Verzeichniss der Quellen bei Münter S. 69 ff.

§. 3. Die Städte Tur Malka, Tur Schimon und Bether.

Wir schöpfen diesen Ueberblick, wie gesagt, aus den Vermuthungen, welche sich zwischen den Zeilen ergeben. Nicht bloss wahrscheinlich, sondern wahr ist, dass die Städte טור מלכא und טור שמעון als von ביתר nicht verschieden sind. Alle drei Städte sind eine und dieselbe, so wie בר דרומא, nicht wie Grätz meint, ein Unterfeldherr von בר כוזבא ist, sondern dieser selbst in eigner Person. Die Erzählung von טור מלכא ist nur eine zweite Recension der Legende von ביתר. Als besondere Stadt kommt טור מלכא nirgends weiter vor, als hier; Joseph Schwarz, (Palästina 47), sagt zwar, es käme vor Gittin 57. b u. m. Stellen, er führt aber keine an; im Targum (Richter IV, 4) erscheint es nur als Uebersetzung von הר אפרים, und soll auch nicht eine Stadt dieses Namens, sondern des Gebirges sein, was es allerdings auch hier gemeint sein kann, allein Rabbi Jochanan führte es als Stadt ein wie Jerusalem und ביתר; aber es entging ihm, dass er bei Tur Malka nur eine Variante von dem ביתר des Jeruschalmi in Händen hat. Schön ergänzt den übereinstimmenden Gedanken der beiden Berichte die Andeutung der gefährlichen Lage, in welcher sich Hadrian befand. Bei ביתר war er auf dem Sprunge, schimpflich die Belagerung aufzuheben; bei טור מלכא war sein Besieger בר דרומא auf dem Sprunge, ihm die Krone vom Haupte zu reissen (was die Kämpfer von כפר חרובא schon laut aussprachen). Die Samaritanische Schlange hat den Kaiser gerettet. S. unten § 6 Mehreres darüber.

§. 4. Der Ausgang.

Die Verluste auf Seiten der Römer waren ungeheuer, so dass Hadrian nicht wagte, an den Senat die bei Beendigung eines Krieges übliche Phrase zu schreiben: „Wenn Ihr und Eure Kinder wohl seid, ist's gut, ich und das Heer wir sind es".[13]) und kein Schriftsteller auf Seiten der Rö-

---

[13]) Kommt schon vor II. Makk. 11, 28.

mer versuchte, eine Zahl der Gefallenen zu nennen, selbst Dio Cassius nicht, der doch ehrlich genug aus dem Unterlassen der Begrüssungsphrase auf den grossen Verlust der Römer schliesst, und der doch die Zahl der gefallenen Juden so genau weiss und sonst auch die von denselben erschlagenen Griechen in Egypten und auf Cypern angeben konnte. Dio und Spartian sollen die Autobiographie Hadrians benutzt haben und dieser Kaiser wird gerühmt, dass sein Gedächtniss der Art mächtig war, um die Namen aller seiner Soldaten zu behalten und er hatte eine Pflicht, seine gefallenen Waffenbrüder wenigstens der Zahl nach anzugeben. Entscheidender aber sind mehr wie andere Beweise die Worte des Cornelius Fronto in seiner Schrift de bello Parthico zu Anfang. Das Schreiben ist an die beiden Antoninen gerichtet, beide Adoptiv-Enkel Hadrians und deren Lehrer eben dieser Fronto war[14]). Diesen Kaisern Mark Aurel und Verus sagte er, und zwar zum Troste wegen einer neuen Niederlage durch die Parther, sie werden wieder siegen, so wie ihr Grossvater endlich gesiegt über die Juden, welche ihm Schläge beigebracht haben, nicht geringer als die Schläge am Flüsschen Allia, bei Caudinum und bei Cannae. Fronto war nicht nur Zeitgenosse des Krieges, sondern wohl persönlich mit Hadrian befreundet und hat die Darstellung unmittelbar von diesem selbst empfangen. Die jüdischen Quellen haben die Uebertreibung, dass das Blut in Strömen bis tief ins Meer hineinfloss, aber sie sagen nicht, dass es nur jüdisches Blut war, ja vielleicht war mehr römisches dabei, denn die jüdischen Krieger starben meist blutlos am Hunger, so dass der Sieger sich schämte, mit so einer geschmolzenen Armee triumphirend in Rom einzuziehen. Ein gutes Geschäft hat er auch nicht dabei gemacht, er hat nicht wie Titus die Schätze des Tempels und der Stadt Jerusalems geplündert und den feindlichen Feldherrn

---

[14]) Dieser Fronto ist nicht zu verwechseln mit Catius Fronto, der zur Zeit Plinius des Jüngern Senator war.

konnte er auch nicht an den Triumphwagen fesseln. An seinem Geschäfte als Sklavenhändler bei der Terebinthe scheint er auch keine Schätze erworben zu haben, und er kam mit leeren Händen aus Palästina heim. Daher sagte er, er wolle nicht über Sklaven triumphiren, d. h. „die Trauben sind sauer[15])."

§. 5. Ueberblick des Lebens des Helden von Bether, Barkoseba.

Ich habe einen Ueberblick des Krieges nach jüdischen Quellen gegeben, ich versuche Aehnliches mit der Beschreibung des Lebens des einzig und zwar mit doppelten Namen genannten Führers dieses Krieges, Barkoseba, ebenfalls aus jüdischen Quellen und ebenso auch von der Wahrscheinlichkeit getragenen Vermuthungen. Andere reinfliessende Quellen als jüdische giebt es hier gar nicht, denn den heidnischen Schriftgelehrten gefiel es nicht, von den jüdischen Feinden so viel Gutes und von den Landsleuten so viel Böses sagen zu müssen, daher blieben sie stumm bis fast hundert Jahre nach dem Kriege, wo die Zunge des Dio Cassius zu einigen Worten gelöst wurde, aber auch diese

---

[15]) Dass der Kampf der Juden gegen Hadrian für die edelsten Güter der Menschheit, für Religion und Freiheit gekämpft wurde, musste selbst ein Parteimann wie Carl Rotteck zugeben, dessen 100jähriger Geburtstag vor Kurzem gefeiert wurde. Und doch schlägt er der Wahrheit mit unreiner Hand ins Gesicht in seiner Allg. Geschichte III, 59: Von der Tapferkeit der Juden und der Gerechtigkeit ihrer Sache macht er sich nichts wissen, nennt sie nur wüthend, freut sich herzlich über ihre Misshandlung durch Hadrian, und zum Nachschmaus für gleichgesinnte Leser würzt er die Schadenfreude an den Todten mit etlichen Schimpfworten gegen die Lebendigen. Doch kann man die Consequenz dieses Parteimannes nicht begreifen. Auch die patriotisch heroische Vertheidigung gegen Vespasian und Titus wird nur als blinder Eifer, Wuth etc. behandelt. Der Krieg gegen Hadrian war edel wie der der Makkabäer gegen die Syrer, ja wer die Makkabäer lobt, muss auch die Bekämpfer Hadrians und Titus loben, allein diese waren nicht glücklich, daher darf man sie schimpfen.

gingen verloren und nur ein Auszug blieb erhalten[16]). Alles, was alte Kirchenschriftsteller mittheilen, ist meist nur mündlichen Aussagen von ihnen befreundeten Rabbinen entflossen. So hat Hieronymus ohne Zweifel über Bether Manches von seinem bekannten Geheim-Rabbi aus Tiberias erfahren, oder aus später verloren gegangenen Stücken im Talmud. Dass solche über Barkoseba vorhanden waren, zeigt die Behauptung des רבא, dass die Rabbinen denselben getödtet haben (Synhedrin 93, b). Woher weiss dies der babylonische Amora nach fast 400 Jahren? Ja nach fast 800 Jahren müssen noch solche talmudische Erzählungen in den Händen des Samuel ha-Nagid (Nagdila) gewesen sein, aus dessen מבוא התלמוד der ehrliche Abr. b. Daud schöpfte. Dieser lässt B. Koseba ruhig als König auf seinen Thron sterben, (Sefer ha-Kabbala 35,b Ed. Amst.) und sein Reich dem Sohne hinterlassen, während unser Talmud ihn als Fälscher von den Rabbinen selber erschlagen lässt.

§. 6. Namen und Charakter des jüdischen Anführers.*)

Die beiden Talmude nennen ihn überall בר כוזבא (der aus Koseba), nie בר כוכבא. oder (hebr.) בן כו'. In ihren Er-

---

[16]) Grade die letzten 20 Capitel des Dio, in welchen die Geschichte Hadrians vorkommt, sind nur in Bruchstücken auf uns gekommen, welche von Xiphilinus (im 11ten Jahrhundert) schwächer und verstümmelter im Auszug gegeben wurden.

*) Dass wirklich eine Dynastie Koseba 21 Jahre bestanden habe, hält Münter für glaubwürdig und zwar konnte sie heimlich von Juden anerkannt bestanden haben. Wir haben in den letzten Erhebungen der Polen erfahren, wie weit und wie heilig der Patriotismus eines von Wächtern und Spionen belagerten Volkes das Geheimniss seiner verborgenen Regierung bewahren kann. Dennoch möchten wir diese Angabe nicht mit der Feder einer halben Wahrscheinlichkeit unterschreiben: Abraham b. Daud steht ganz allein mit dieser Angabe, und die Abkömmlinge eines solchen Römerfeindes wie Koseba dürfen nicht Rufus und Romulus heissen. Eine Legende ist es aus der geroäischen Zeit und weiter nichts

zählungen aber aus dem Kampfe um Bether nennt ihn überhaupt nur der Jeruschalmi (Taanit IV, 5), Babli dagegen (Gittin 57) nennt ihn בר דרומא Barderoma, d. h. Südländer, da die Stadt כובא in Judäa, also im Süden von Bether, das in Galiläa lag. Mit der letzten Stadt bringt ihn Babli gar nicht in Verbindung, sondern macht die Stadt טור מלכא zum Schauplatz seiner Thaten, welche letztere er im Ganzen so beschreibt wie der Jeruschalmi die Thaten des Bar Koseba in Bether. Barderoma als Personalnamen ist wie Tur malca als Stadtnamen ein Hapaxlegomenon, beide kommen nicht noch einmal vor, und die historische Kritik hat hier zu bemerken vergessen, dass sowohl diese wechselnden Personalnamen, so wie diese Städtenamen nur Varianten sind. (S. oben § 3). Ich werde bei meinen Aufstellungen unten über Bether noch Raum zu einem § über diese nicht blos augenfällige, sondern mit Händen zu greifende Einerleiheit finden. Hier sei nur bemerkt, dass 1) Tur Malka als Stadt nie weiter vorkommt, denn die Stelle Richter IV, 4 im Jonathan ist, wie gesagt, nur eine einfache Uebersetzung des Textwortes הר אפרים und kommt übrigens in den Biblia regia gar nicht vor. 2) Derselbe Feldherr (Bar Koseba) wird hier in Galiläa der Südländer genannt. 3) Derselbe Uebermuth und dasselbe Selbstvertrauen gegen Gott, 4) dieselbe Strafe dafür durch die Schlange, 5) bei Bether nimmt der Held Bar Koseba die römischen Wurfgeschosse zwischen seine Beine auf, in Tur Malka, schöner, springt er, mit schnellen Beinen ihnen ausweichend. 6) Dort ist der Kaiser gesonnen von der Stadt abzuziehen, als der Uebermuth gegen Gott auf jüdischer Seite ihn zurückführt, hier ist er schon abgezogen, als der Uebermuth des Feldherrn und des Volkes ihn zurückführt. —

Namen und Chrakter des jüdischen Feldherrn sind in der Beschreibung dieses Krieges verschieden. Der Kürze wegen nenne ich ihn Simon, wie er sich selbst auf seinen Münzen nennt. Nichts hindert uns anzunehmen, dass dieser Name ihm von den Eltern bei seiner Geburt gegeben wurde,

da ja so viele Simon in der talmudischen Zeit hiessen, von
Simon Justus an, so dass der berühmte Leo Allatius sich
veranlasst sah, ein dickes Buch „die Simone" zu schreiben.
Sollte unser Held diesen Namen sich erst nach seiner Erhebung beigelegt haben, so geschah es wohl zu Ehren des ersten Makkabäer-Königs oder vielmehr zu Ehren des ersten
Simon, welcher das Racheschwert gegen die Beleidiger des
Hauses Israel zog und zugleich zu Ehren des damals Letzten, welcher dies that, Simon bar Gioras. In Bezie-
hung auf den ersten vervollständigt sich noch die Anspie-
lung von R. Akiba דרך כוכב מיעקב.

Die alten jüdischen Quellen verschweigen die Thaten des
Feldherrn, so wie sie die Thaten der tapfern Vertheidiger
Jerusalems, des genannten bar Gioras und des Johann
von Gischala gegen Titus unbeschrieben lassen. Die
Mischnah erwähnt seiner als Krieger nicht, wo sie Veranlas-
sung hat, dies zu thun, z. B. Taanit IV. 6, Sota IX. 14,
בפולמוס האחרון sagt sie, st. בפולמוס בן כוזיבא. Und wenn auch
die Behauptung des Rabba, Synhedrin 93b, dass ihn die Rabbinen getödtet hätten, den Gegensatz der Wahrheit enthält,
so ist das doch wahr, dass sie ihn todt geschwiegen haben.
Bei dem Schweigen oder gar Verdunkeln der genannten
Quellen haben wir nur die beste Empfehlung seines Charakters in dem Verhältnisse des grossen Patrioten und Märty-
rers R. Akiba zu ihm. Dass er ein grosser Kriegsmann
war, sieht man in den klaffenden Wunden, welche er den
Römern geschlagen, die noch zur Zeit des Kaisers Mark
Aurel bluteten, wie die obigen Tröstungen des Fronto beweisen. Das Geheimniss seiner Siege lag mit in der Schnelligkeit seiner strategischen Bewegungen. Dies ist der Sinn
der Stelle Gittin 57 הוה בהו ההוא בר דרומא דהוה קפיץ מילא וקטל
בהו, dass er eine (römische) Meile gesprungen ist und Alles
niedergetreten habe. Er hat nämlich beim Angriffe dem
Feinde einen Vorsprung von einer Meile abgewonnen und
ihn überfallen, während er auf der Flucht schnell aus dem
Bereiche der feindlichen Geschosse kam. Bonaparte in sei-

nen italienischen Feldzügen sagt, er wolle lieber mit der Anstrengung der Beine seiner Soldaten siegen, als mit ihrem Blute. Dass das קפץ nicht in dem übernatürlichen Sinne von קפיצת הדרך genommen wird, zeigt Synhedrin 95, wo diejenigen gezählt werden, welche die Gabe des schnellen Laufes genossen, Siebenmeilen-Stiefel in den deutschen Sagen, unser בר דרומא aber ausgeschlossen blieb. Dass der jüdische Feldherr damit angefangen, die von den Römern besetzten Stellen zu säubern, ist natürlich, und dazu gehörte vor Allem Bether, welches seit mehr als 50 Jahren ein Pfahl im Fleische Palästina's war. Diese Feste, nahe der grossen Ebene Beth Rimmon und sie beherrschend, war vorerst für Simon wichtiger als der Trümmerhaufen Jerusalem, welcher erst später der National-Ehre wegen besetzt wurde, und wo er auch sich zum neuen Aufbau des Tempels vorbereitete. Bether wurde kräftig vertheidigt und mehrere Jahre gegen alle Anstrengung Roms behauptet, bis die giftige Schlange Samariens sich um Simons Hals schlang und seine Riesenkraft brach. Im jerusalemischen Talmud Taanit l. l. ist die Sage erhalten, dass Hadrian nicht glauben wollte, dass der jüdische Held todt sei, bis man ihm den Leichnam zeigte.

§. 7. Fortsetzung.

Ueber die Abstammung unseres Helden ist nur das so viel als festgestellt, dass er vom Hause David abstammte, wie aus den Worten des Akiba sich zeigt, und aus denen seines politischen Gegners Jochanan ben Toretha, der ihn בן דוד nennt. Mit Eleasar aus Modein muss er verwandt gewesen sein, da dieser, חביבא, (Taanit daselbst) Onkel heisst, und es erhöht seinen patriotischen Charakter, da er seinen Onkel nicht schont, den er in Verdacht des Verrathes hat. Doch scheint diese Onkelschaft nur eine erfundene Gleichstellung mit רבי יוחנן בן זכאי und אבא סיקרא aus dem Vespasianischen Kriege zu sein, und eben das Verfahren jenes Onkels mochte unserem Simon Grund zum Verdacht gegeben haben. Kirchenschriftsteller, darunter Ariston von Pella nennen ihn „Räuber" und dergleichen, was schon deshalb unwahr sein muss, weil Dio davon Nichts erwähnt, während man doch sonst auf römischer Seite die Gräber der gefallenen Gegner nicht mit Blumen bestreut z. B. Viriathus und selbst Hannibal. Er mag allerdings die Judenchristen nicht als seine Lieblinge verpflichtet haben, denn in seinen Augen waren sie abgefallene Juden, vollends da sie während des Krieges unter Titus aus Jerusalem nach Pella geflohen waren und keinen Theil an der Vertheidigung der Hauptstadt des Volkes genommen hatten, und auch jetzt um die Freundschaft der Römer buhlten. Sind sie auch vom Judenthume abgefallen, so sollten sie doch dem vaterländischen Verbande der Judenheit treu bleiben. Dass in Kriegen gegen langjährige Fremdherrscher letztere auch ihre geheimen Anhänger haben, welche auf den eigenen Vortheil, oder den der Partei bedachter sind als auf den der nationalen Unabhängigkeit, sieht man häufig genug in den Kämpfen der Juden, selbst in der Makkabäischen Zeit, wie in den Kämpfen anderer Völker, und der jüdische Kriegsfürst hatte in seiner gefährlichen Stellung die grösste Vorsicht zur Pflicht, und wir sahen, dass diese selbst den Verwandten nicht schonte.

§ 8. Koseba, oder Kocheba noch einmal.

Die Namen Koseba oder Kocheba hat man ganz auf den Kopf gestellt: Koseba war der eigentliche Name, und Kocheba ein symbolischer. Man hat aber umgekehrt Kocheba für den eigentlichen Namen gehalten und aus Koseba später mit schalem Witze einen Schimpfnamen herausgebracht. Indess ist sicher beides falsch: Die alten jüdischen Schriftsteller bis herab auf Abraham Zakuto kennen nur einen Koseba und keinen Kocheba, und ersteren Namen legte man ihm bei schon in der Blüthe seiner Thaten, wo noch die Hoffnungen des Volkes an ihm hingen und an Lüge nicht gedacht werden konnte, und erst Jahrhunderte nach seinem Tode faselte, wie gesagt, ein Talmudist (Synhedrin 93b), dass die Gelehrten ihn getödtet hätten, weil er seine messianischen Versprechungen nicht erfüllen konnte. An diese Agada machte sich dann ein Späterer, um mit ihr das Wort כוזבא etymologisch zu verleumden. Der plumpe Witz des Schimpfnamens passt ganz für den Verfasser des Schalschelet ha-Kabbala und ähnliche Geister; dass aber ein Ewald ihn fortgepflanzt (Gesch. d. V. J. VII, 407 2. A.), musste unerwartet sein, nachdem er bei Grätz die Sachlage deutlich auseinandergesetzt finden konnte. Die Gelehrten aber haben ihn nur getödtet, aber nicht beschimpft, und wo sie ihn mit ihren unhistorischen Angaben beschimpften, da konnte man sagen, aus dem beabsichtigten Tadel blickt ein unbeabsichtigtes Lob durch. So die Angabe, dass er durch eine Schlange getödtet wurde, weil er, auf seine persönliche Kraft trauend wie die Titanen den Himmel herausforderte, fallen musste. Mit andern Worten bezeugen die jüdischen Erzähler hier nur, dass er wirklich persönliche Kraft genug hatte, um siegreich zu sein, und diese schreiben sie ihm ihrerseits mit fabelhafter Uebertreibung zu. Wir wissen, dass er lieber durch Schnelligkeit in seinen Bewegungen siegen wollte, als durch das Blut seiner Krieger. Aber auch durch diplomatisches Geschick muss ihm Vieles gelungen sein, was den Kämpfern gegen die Flavier misslungen. Er hat die alten Feinde, die Samarier, zu Bundesgenossen gemacht und viele Heiden zu Freunden. Dem riesigen Reiche der Römer standen die Hilfsmittel der Welt zu Gebote. Das schwache Völkchen der Juden trug in seinem Schoosse widerstreitende Elemente: Samarier, Judenchristen, Religionsfeinde wie Elischa b. Abuja und Rabbinen wie Josua ben Chananja und Jochanan ben Toretha, welche gut römisch sagten: Ruhe ist die erste Rabbinenpflicht! Mit solchen offenen Feinden vor sich und solchen versteckten Feinden hinter sich und mit einer schwachen kaum bewaffneten Schaar unter sich hat Simon, der Letzte der freien Juden, mehre Jahre Rom zittern gemacht, und man darf wagen, diesen Fürsten nicht über viele Helden für ewige Zeiten zu bewundern? Statt dessen haben ihn gewisse Rabbinen geschmäht, d. h. sie haben sich und das Judenthum geschmäht! Nachdem sie ihm zum Vorwurf gemacht, dass er Gott herausgefordert und den R. Eleasar getödtet, haben sie die Vorwürfe dahin ermässigt, er habe der Erlösung vorgegriffen, (Carticum r. II,7) שדחק את הקץ. Die frommen Männer haben aber vergessen, dass der grosse Akiba ihn zum Messias geweiht. —

Wir haben gesehen, dass der jüdische Befreiungsheld von römischer Seite gar nicht als blutiger Verfolger angeklagt wird, dass dies nur geschieht von Seiten einiger Judenchristen und namentlich von jenem Ariston, dem Abkömmling der Ausreisser in Pella. Die Münzen dieses Kriegsfürsten zeugen alle von den Zwecken der Erhebung und von seiner Bescheidenheit. Die Worte Synhedrin 93.b wo er zu den Rabbinen sagt: אנא משיח sind eine spätere Erfindung, so wie die Angabe, dass ihn die Rabbinen getödtet haben, weil er sich nicht als Messias bewährt habe. Jeruschalmi Ta-anit IV.5 kennt diese Stelle nicht, und Maimonides: Melachim XI erkennt sie auch nicht an und hält sich nur an die Angabe des Jeruschalmi, dass R. Akiba ihn für einen Erlöser ausgab. Umgekehrt hat Maimonides' Kritiker Abr. b. David daselbst den Jeruschalmi nicht gekannt und nach Babli kritisirt. Vgl. מגדל עוז daselbst. Er nennt sich nicht König und nicht Messias, sondern einfach שמעון und נשיא ישראל, während die andere Seite der Münze לגאלת ישראל, לחרות ירושלם und dgl. trägt. Vielleicht werden noch andere Münzen, oder noch verloren geglaubte Handschriften entdeckt, aus welchen der Charakter und die Thaten dieses merkwürdigen Mannes mehr beleuchtet werden könnten, als bisher durch das Schweigen seiner Feinde im Felde und durch sein inniges Verhältniss zu R. Akiba geschehen konnte. Die Thätigkeit des Akiba neben Koseba bietet aber noch manche Seite unaufgeklärter Frage: Es wird mit Geräusch in nachtalmudischer Zeit behauptet, dass Akiba an der Seite Kosebas gekämpft hat, und Maimonides nennt ihn den Waffenträger desselben, so dass man zu glauben veranlasst wird, er habe als Empörer gegen den Staat den Tod gelitten. Allein die Hauptstellen im Talmud sagen, der Grund seiner und gleichzeitiger Gelehrten Verhaftungen war das übertretene Verbot des Tora-Studiums (Berachot 61,b Synhedrin 110, b). Sein Mitwirken bei dem Aufstande wird ausdrücklich nur in dem empfehlenden Ausspruche, dass Koseba der Messias-König sei, genannt. Von Thaten desselben in diesem Kriege ist keine Rede, aus der Geschichte der Stadt ביתר ist er ganz verschwunden, und ein anderer Gelehrte, Eleaser aus Modain, nimmt die belagerte Stadt unter den Schutz seiner Frömmigkeit. Der Talmud Babli kennt den kriegerischen Koseba und den kriegerischen Akiba nicht, nur von Jeruschalmi und Midrasch ist ersterer als solcher gekannt. Der spätere Talmud hat vorausgesetzt, Akiba selbst habe entdeckt, dass er sich in Koseba geirrt habe und sich von ihm geschieden. Wir haben öfter hier nach der allgemeinen Annahme von der Freundschaft und dem Zusammenwirken des Akiba mit Koseba gesprochen.

Wir wenden uns jetzt zum letzten Schauplatz des schrecklichen Krieges, zur Stadt Tur Malka oder Bether.

§ 9. Die vier jüdischen Quellen.

Wir haben oben in der Einleitung den allgemeinen Charakter der jüdischen Quellen gezeichnet, wir nennen hier die besonderen über den Kampf um Bether. Es sind 4 an Zahl: 1) Jeruschalmi Taanit IV, 5, noch zur Mischna gehörig. (S. hebr. Anhang Nr. 2.) Sie scheint aus der Zeit des ר' יוסי zu sein, der selbst darin spricht. Aus diesem Stücke floss 2) Talmud Babli Gittin 56 u. 57 aus der Zeit des ר' יוחנן. (S. Anhang 3.) 3) Midrasch r. Echa I, 16. 4) Daselbst II, 2 (Anh. 4 u. 5). Beide nur zum Theil aus dem Jeruschalmi geflossen. Ich bezeichne der Kürze wegen 1) mit J; 2) mit B; 3) u. 4) mit M. Letzterer hat.

ausser mehren Abweichungen in Wörtern und Wortstellungen, Zusätze, welche unseren Ausgaben des J. fehlen, wie z. B. die spöttische Benennung der belagerten Stadt mit הרנגולתא, die Massenmorde in בית רימון u. a.

Ausser den vier grösseren Stellen sind noch drei kleinere zu nennen und zu verwerthen. (Anh. 6 u. 7.)

1) Jebamot 122 die Erzählung, dass 60 Männer zur Belagerung von Bether gezogen und sämmtlich umgekommen sind. Die Erzählung ist alt, aus der Zeit, wo man über die Wiederverheirathung von Frauen getödteter Männer verhandelte. Sind diese Männer Krieger unter Koseba gegen Bether gewesen? Was hätten die Juden bei der Belagerung der Römer zu thun, wo die Juden die Belagerten sind? Oder waren diese 60 Krieger verrätherische Einwohner von Sephoris, welche, wie öfter, den Römern gegen das eigene Vaterland beigestanden und von einer jüdischen Streifpartie erreicht und ihren Todeslohn erhalten haben? Wir vermuthen, es war zu Anfang des Krieges, wo die Römer überall den Kürzern zogen, sich in ihre Castra zurückzogen, hier von Koseba belagert wurden und sich ergeben mussten. Die 60 Männer aber waren in einen römischen Hinterhalt gefallen und wurden sämmtlich erschlagen.

2) Baba batra 75b Worte des ר' יוסי (Augenzeuge) über den Untergang von צפורי. R. Jose beschreibt die ehemalige Grösse seiner Vaterstadt ähnlich wie andere Rabbinen ביתר, so dass man hieraus schon einen Zusammenhang zwischen beiden Oertlichkeiten ahnen darf. (S. unten §. 16).

3) Synhedrin 17b Angabe, dass Bether ein Synhedrium hatte.

Alle diese Stellen können dafür sprechen, dass Bether und Sephoris zusammenhängen.

§. 10. Wichtige Bedenken gegen die Existenz eines alten Bether.

1. Das ganze Zeitmaass des Daseins der angeblich so volkreichen und mächtigen, von gelehrten Collegien strotzen-

den Stadt erschöpft sich in den runden 70 Jahren. Ihr Name kündigt sich mit Abfall von der nationalen Sache an, und hört mit Schrecken auf. Mit Ausnahme zweier fraglichen Stellen (Mischna Challa IV, 10 und Synhedrin 17 b) wird sie nur während der beiden Grenzpunkte ihres Verlaufes genannt. Vor mehr als 50 Jahren hat sie gesündigt, heute leidet sie die Strafe dafür, und das ist Alles, was man von ihr weiss!

2. Kein heidnischer Geograph der alten Welt hat sie genannt, oder gar beschrieben, kein Strabo oder Plinius. Dio Cassius erzählt uns, dass die Juden beim Anfange des Krieges ausser 985 in Vertheidigungs-Zustand befindlichen Flecken 50 befestigte Plätze hatten. Da wäre doch die Gelegenheit fast herausfordernd gewesen, unter letzteren ביתר hervorzuheben. Ja selbst Eusebius, der doch räumlich ihr nah lebte, schliesst sie in seinem Onomasticon aus, wo er doch anderer Städte von Wichtigkeit gedenkt, selbst wenn deren Namen nicht in der Bibel vorkommen. Doch aber kennt er sein Bether wie und durch die Rabbinen.

3. Josephus, der beschreibseligste Zeichner der Städte Palästina's, übergeht das vermeintliche B. mit Stillschweigen[1]).

4. Auch das Buch Josua der Samaritaner kennt kein Bether, obgleich dieses in ihrem Lande gelegen haben soll.

5. Hadrian, der ein so glückliches Gedächtniss gehabt (s. oben S. 4), würde sicherlich den Namen einer Stadt nicht vergessen haben, welche ihm so lange und so tapfer widerstanden hat, und er würde uns in seiner von Dio und Spartian benutzten Autobiographie wohl einige Punkte aus dem Gange des wichtigen Kampfes um B. hinterlassen haben.

6. Kein Gelehrter, oder auch nur Frommer, wird aus

---

[1]) Wohl aber werden wir unten zeigen, dass er die Entstehung des wahren ביתר kannte und mittelbar dazu geholfen hat.

einer Stadt genannt, welche 500 Collegien mit erwachsenen Jünglingen hat, darunter der Sohn des Schulhauptes Gamaliel. Unter den wenigstens 500 Lehrern müssen doch mehrere Gelehrte von Namen sein. Aber nur ein Einziger wird genannt und dieser ist ein Fremder, Eleasar aus Modain, der vielleicht aus besonderem Grunde wegen seines Einflusses auf das Volk von seinem Neffen ad hoc hingerufen wurde.

7. Keine Denkmünze ist aus ihr oder als auf dieselbe geschlagen bekannt, während doch von kleineren Städten Palästina's solche bekannt sind.

8. Das Blutbad, welches beide Talmude von ביתר erzählen, verlegt Midrasch Echa r. I. 16 nach der Ebene בית רמון. Nach Talmud Babli ist das viele Blut in טור מלכא, nach Jeruschalmi in ביתר vergossen worden.

9. Megilla 6 sucht man für Städte wie Caeserea, Sephoris und Tiberias, damals die grössten des Landes, biblische Namen. Man hätte gewiss auch einen solchen für B. gefunden, obgleich und gerade weil es zerstört war.

10. Bei den Wanderungen des Synedriums (Rosch ha-Schanah 31 b) fehlt der Name B. in dem Verzeichniss.

11. In der ersten Zeit der römischen Invasion des jüdischen Landes hat Gabinius das frühere Synedrium in Jerusalem auf 5 Grossgerichte in 5 verschiedene Städte zerstreut, darunter Sephoris (Jos. Arch. XIV, 5, 4). Warum blieb das grosse ביתר ohne Gerichtsbarkeit?

12. Das talmudische Bether hat bei der Nachricht von der Zerstörung der nationalen Hauptstadt und der Verbrennung des heiligen Tempels seine Theilnahme durch eine feierliche Beleuchtung ausgedrückt! (Jerusch. das.) Und den Untergang dieser schlechten Patrioten beweint die jüdische Geschichte seit Jahrhunderten mit mehr Thränen, als Hadrian Blut bei ihnen vergossen hat? Wir fragen mit Simo (Andria I 1. 99) Hinc illae lacrymae? Für diese Verräther so viele Trauer? Für diese Wichte noch ein Gebet auf ewige Zeiten stiften, dass ihre Leichen begraben

wurden, statt dass man sie den Raben und Schakalen zum Frass überliess und wenn ja beerdigt, nur am Fusse des Galgens mit Verwünschungen statt Gebete!

§. 11. Fortsetzung.

13. Haben wir in 12 Nummern der Meinung Aufnahme verschafft, das der Bestand eines alten ביתר zur Zeit des Tempels ganz unwahrscheinlich ist, so mag eine Nr. 13 noch beweisen, dass nach dem Untergang des Tempels die Entstehung einer neuen Stadt ביתר unmöglich war. Denn nach dem Falle der letzten Feste, Machairus, liess der bis zum niedrigsten Schmutz habsüchtige Vespasian[2]) ganz Palästina (? wohl nur Judäa) für sein Privatvermögen confisciren (Jos. B. J. VII, 6) und verbot zugleich, eine neue Stadt dort zu bauen. Dieses Verbot hielten wohl die späteren Kaiser bis zum hadrianischen Krieg fest und die Aelia Capitolina mag die erste neue Stadt gewesen sein. Auf diese Zeit der Oede bezieht sich auch die Behauptung des ר׳ יוסי, dass 52 Jahre nach der Zerstörung des Tempels kein Vogel durch das heilige Land geflogen sei[3]). Es konnte also ein ביתר nur unter Koseba gegründet sein und wäre, ein zweites Kikajon des Jonah, entstanden und verloren in selbiger Zeit.

14. Eine hebräische Etymologie für den Namen ביתר ist noch nicht gewonnen. Erst nachdem man ein zweites ח ein-

---

[2]) Man lese Sueton, Vespasian XXIII, wo auch von Titus gesagt wird, dass er vor seiner Thronbesteigung kein Mittel verschmähte, welches Geld einbringen konnte. Vater und Sohn haben sich erst in dem Blute der Juden und dann in deren Gute ehrlich getheilt: Titus nahm das bewegliche Gut, heiliges und unheiliges, V. nahm das unbewegliche. Nach dieser Plünderung legte V. den Besiegten noch eine Steuer auf, und nachdem man ihnen Haus und Hof geraubt und ihr letztes Geldstück zum verhassten Kultus abgepresst hat, spotteten römische Dichter über die tiefe Armuth der Juden. Grosse Römerseelen!

[3]) Jer. daselbst נ״ב שנה לא טם עוף בא״י.

gefügt hat. ist der erste Theil hebraisirt, für den zweiten Spitzfündigkeit erfunden.

15. Endlich ist es auffallend, dass während des hadrianisch-jüdischen Krieges die volkreiche, von kampflustigen Männern erfüllte Stadt Sephoris gar nicht genannt wird. Um den Besitz dieser immer kampfbereiten Stadt, welche in der Nähe der grossen Ebene in Mitten fruchtbarer Gefilde und befestigt auf einem Hügel lag, mussten beide Kämpfer ringen. Und wirklich finden wir ja im Midrasch l. l. den Schlusskampf in der Nähe Sephoris, in בקעת בית רמון, d. h. Ebene Jisreel oder grosse Ebene, wo von jeher so viele Schlachten ausgefochten wurden[4]). Nun, in dortiger Gegend lag wirklich unser ביתר, welches wir von jetzt ab nicht mehr **Bether,** sondern **Veter** aussprechen werden. nachdem wir in Kraft der 15 Bedenken das Bether im Talmud so gründlich, wenn auch nicht so blutig wie Hadrian zerstört haben. Es wird von nun an nicht mehr בית צור, wie Zunz und Rapoport wollen. nicht mehr בית חורן, wie andere. בית אל, wie Robinson, und nicht mehr Barin, wie Ewald und Grätz meinen, sein, sondern ein ביתר, wie es topographisch und historisch sein konnte und wahrscheinlich war. Es wird uns zu beweisen gelingen, dass jene in der Nähe der Ebene Jisreel liegende Gruppe von Städten, welche den Namen ציפורין (Plural) führt, den Riesenkampf von ביתר trug.

Wir haben nicht die Aufgabe, die zahlreichen, bald unstatthaften, bald spitzfindigen Vorschläge über die Oertlichkeit des ביתר zu prüfen. Einen jedoch müssen und wollen wir unserer Erwägung unterziehen, wir müssen, weil er auf einer Unwahrheit ruht, und wir wollen, weil wir dabei gelegentlich eine Stelle in der Septuaginta in Ordnung bringen können. Herr Neubauer in seiner Geographie du Talmud S. 113 sagt, die Septuaginta erkläre das biblische בית שמש 1 Chronik VI, (39) 59 durch ביתר. So gab Re-

---

[4]) Selbst Bonaparte hat hier 1799 den Türken eine grosse Schlacht geliefert.

land an (S. 640), aber irrthümlich, denn an jener Stelle ist in der Antwerpner Polyglotta nur $Bε\vartheta σαμης$ in der Recension Grabe $Βη\vartheta σαμας$ und $Βαι\vartheta ηρ$ (welches letztere nicht im Texte), aber nirgends ביתר für בית שמש‎, so dass man gerade von dort schliessen muss, dass בית שמש‎ nicht ביתר‎ ist. Aber Herr N. hat noch eine andere Hilfsstelle für seine Einerleiheit der 2 Städte: 2 Samuel 15, 24 wird gesagt, Zadok und die Leviten haben die Bundeslade getragen $απο Βαι\vartheta αρ$ .... von diesem Einschiebsel sagt Herzfeld (Frankel Monatschrift 1856, S. 106), er vermöge auch nicht zu ahnen nur, was diese Stelle will! Herr N. meint die Sept. spiele auf die Thatsache an, dass vor vielen Jahren die Bundeslade von בית שמש‎ weggeführt worden sei! Die Sept. hat jedoch an keiner andern Stelle für d. hebr. בית שמש‎ ein $Βαι\vartheta ηρ$ oder $Βαι\vartheta αρ$, der Talmud braucht auch das biblische Wort selbst und hat nicht nöthig ביתר‎ dafür zu setzen.*) Was aber die eingeschobenen Worte $απο Βαι\vartheta αρ$ betrifft, so ist hier eine Glosse: $απο Βαι\vartheta αρ$ ist statt $αφ' Αβια\vartheta αρ$ zu lesen, und ist der Sinn Zadok und die Leviten haben dem Oberpriester Abjathar die Bundeslade abgenommen. Als stünde im hebr. Text: צדוק‎ ... נושאים‎ מן‎ (טעל) אביתר‎. Dass נושאים‎ sowohl tragen, wie wegtragen, abnehmen bedeutet, ist jedem hebräischen Leser bekannt. Jedenfalls hängt das $απο Β$ mit $Αβια\vartheta αρ$ zusammen, welche Wörter in ihren Buchstaben fast ähnlich sind, wonach hier die Glosse mit einer alten, schon im Seder Olam stehenden, Haggada übereinstimmt, dass Abjathar vom hohen Priesteramt abgesetzt worden sei. Herr Neubauer hat wenig Glück mit seiner Vertauschung des בית שמש‎ gegen ביתר‎. In der I Chronik 6, 59 hat er irrig citirt, im II Sam. XV, 24 aber traut er der Sept. zu, dass sie an das 40 Jahre vorhergegangene Ereigniss von בית שמש‎ denkt, und seinen Lesern, dass sie mit

---

*) Auch die Notitia dignitatum imperii Romani im 5. Jahrhundert hat noch den alten Namen der Stadt Betschemasch unter der veränderten Form: Birsama. Verwechselung mit Bersaba.

ihm dieselbe Meinung haben werden. Weder die LXX. noch Eusebius haben bei dem oft vorkommenden בית שמש ein *Βαιϑηρ* oder *Βαιϑαρ* und für die gänzliche Zurückweisung der kühnen Vergleichung genügt, dass die Biblia regia das *απο Βαιϑαρ* gar nicht hat.

Die Kraft unserer Beweisführung schöpfen wir aus hebräischen und andern Quellen, unter letztern die bisher von allen Geographen, selbst von dem umfassend gelehrten Reland, übersehene Erscheinung in der Kriegsdisciplin der Römer: Die Castra vetera. Wie eine plötzlich in Bewegung gesetzte Feder, welche bisher im Verborgenen geruht hat, oft die versteckten Behältnisse eines Geräthes dem erstaunten Auge öffnet, so werden hier durch historische Verwerthung jener Erscheinung nicht bloss die erhobenen Bedenken gelöst werden, sondern auch mehrere Thatsachen in klarerer Gestalt in Vordergrund treten und mehrere Personen wahrer beurtheilt werden können.

§. 12 ביתר nach Gründung und Namen römisch.

Es ist Zeit, dass wir einen Fuss in das römische Lager setzen, innerhalb dessen ביתר Entstehung und Namen erhalten hat: Auf die Einrichtung des Lagers wendete Rom schon unter Tarquinius Superbus so viele Sorgfalt, bis zuletzt die Enden der bewohnten Erde dessen Umwallung waren. Es waren aber zweierlei Lager (Castra): aestiva, welche nur auf Eine Nacht bestimmt waren (mansiones) oder auf mehrere Nächte (stativa) und hiberna. Letztere enthielten in dauerhaftem Bau die Werkstätte für Alles, was zum Kriegswesen nöthig war: Waffenschmiede, Apotheken, Vorräthe aller Art, und man sagte daher auch aedificare hiberna, da letztere nicht bloss ein ephemerer Ruhort, sondern eine geschützte Kolonie sein sollten. Aus solchen festen Werkstellen für den Krieg wurden allmälig Kolonien für den Frieden. Und wirklich sind heute noch Städte vorhanden, welche ihren Ursprung einem solchen Winterlager oder einer solchen Kolonie verdanken. So sind in Deutschland mehrere Orte Namens Cassel aus Castra oder Castrum und in England mehre mit castel oder cester zusammengesetzte aus der Zeit der römischen Herrschaft hervorgegangen. Am Rheine sind solcher Kolonien mehrere, darunter, das grosse Cöln, Colonia Agrippina und Colonia Ubiorum und Santen oder Xanten, welches letztere von Tacitus castra vetera und auch bloss vetera genannt wird, da castra als Ellipse gewöhnlich bei seinen Adjectiven fehlt[5]). Eine solche Vetera war auch die von Vespasian im Jahre 67 bei der galiläischen Hauptstadt Sephoris zurückgelassene Kolonie römischer Soldaten, unter Placidus (?), sowohl zum Schutze der vom Vaterlande abgefallenen Sephoriten, welche immer die gerechte Rache der Juden fürchten mussten, wie zum Schutze der römischen Herrschaft selbst, die eine so wichtige Stadt mitten in dem kampflustigen Galiläa nicht ohne Vertheidigung lassen durfte. Dass der Verräther Josephus Flavius der Vermittler bei dem schnöden Handel zwischen den Sephoriten und dem Volksfeinde war, zeigt die unverblümt schamlose Darstellung des abtrünnigen Schreibers selbst, welcher auch auf diese Vermittelung einen Theil seiner Ansprüche auf die Gunst der Flavier gründen mochte.

§. 13. Fortsetzung.

Josephus spricht an mehreren Stellen von dieser Kolonie und den Sephoriten mit sichtbarer Selbstgefälligkeit, denn die Verräther sagen so gut wie die materiell Unglücklichen solatium est habere socios! Die Hauptstelle ist B. j. III, 2, 4. „Die Galiläer von Sephoris zogen Vespasian bis Ptolemais huldigend entgegen. Aus Rücksicht auf ihre eigene Wohlfahrt und aus Liebe zum Frieden huldigten sie auch Cestius Gallus... Sie versprachen V. auch, bei Führung des Krieges gegen ihre eigenen Landsleute tapfer beizustehen. Diesen gab V. auf ihr Verlangen eine ange-

---

[5]) S. Zumpt lat. Gram. Cap. 86, §. 758 ff.

messene Besatzung... Da es V. sehr schaden müsste, wenn eine so wichtige Festung verloren ginge." Es war die von Vespasian dort gegründete Colonie nicht bloss ein Ruheposten für alte gediente Soldaten, sondern eine sich immer durch Ausfüllung ihrer Lücken ergänzende Besatzung bereit zum Angriffe wie zur Vertheidigung. In solcher Bestimmung ist die Form im Singular gebräuchlich: Castrum. Das Adjectivum aber vetus wurde in frühern Zeiten veter ausgesprochen wie die Beugunsfälle noch heute aufzeigen, veteris u. s. w. Wir hätten hier schon unser römisches Veter auszusprechendes ביתר, denn dass das lateinische V. sowohl im Anfange der Wörter wie in der Mitte bei den Talmudisten durch ב (Beth) wiedergegeben wird, weiss jeder, der gelesen hat: ביברין = vivarium (Thiergarten oder Thierkäfig). ביבי = vive. אבגוסטוס = Augustus. תסבר = Thesaurus u. v. a.⁶) Man sprach sowohl Castrum vetus wie vetus Castrum, oder Castra vetera und vetera castra. In ersterem Falle und das war das gewöhnliche, sprach man abgekürzt bloss castra für den ganzen Namen, ohne nähere Bezeichnung, und daher heissen so viele Städte und Flecken in den vorschiedenen, den Römern unterworfen gewesenen Ländern Castra, Castrum, cester. Kassel. Die Rabbinen selbst nennen diese Kolonie bei Sephoris mehrere Male unter den hebräisirten Namen. Und wir müssen den Zusammenhang unserer Arbeit auf einen Augenblick unterbrechen, um die talmudischen Angaben über das Zwing-Sephoris zu sammeln.

§. 14. Castra in hebräischer Form.

Im Talmud sind die Formen: גסטרא גיסטרא קסטרא קצרא קסטראות das Hauptwort wie Fem. Singular, das Adjectiv ebenso. Man verfuhr nämlich wie oft im Mittelaltar, wo man das Neutrum Plur. auf a wie ein Femin. Singul. behandelte z. B. Biblia est sacra sagte. Der Lagerort bei

---

⁶) Auch die Griechen haben für das V u. F der Lateiner gewöhnlich β (Βητα) Βαρος=Varus Φλαβιος=Flavius u. a.

Sephoris wird öfter erwähnt, und zuerst und wichtig in der Mischna (etwa um 200). Die Stelle ist Arachin IX, 6, Gemara Bl. 32 a. Dort wird der Ort genannt: קסטרא של ציפורי הישנה und wir haben hier die vollständige sichere Uebersetzung von Castra vetera Sephoris. Ob in den uns erhaltenen ältern lateinischen Schriften jener Lagerort mit dem letzten Namen vorkommt, weiss ich nicht,*) wir ersehen ihn aber eben aus dieser talmudischen Stelle, aus welcher, wie sonst noch die alte Geschichte ergänzt werden kann. Wunderbar ist auch hier die Divinationsgabe Raschi's. Hier erklärt er „קצרה Namen einer kleinen Stadt ausserhalb Sephoris". Noch deutlicher Tractat Kidduschin IV, 5 (Gemara Bl. 76) zu den Textworten ערכי הישנה של ציפורי erklärt er: „Eine Stadt nah bei Sephoris genannt Jeschanah", also Veter [7]). Bei der Zusammensetzung קצרה ישנה ist nach Raschi nicht das Erste Hauptwort und das Zweite Beiwort: „Die alte Kazra", was eine neue Kazra als entsprechend hinzudenken lässt, sondern, wie wir sagen würden: Die Festung Spandau, so damals die Castra Veter. ישנה ist nach Raschi zum Hauptwort erhoben und dasselbe ist Veter geworden d. h. ביתר [8]).

Fassen wir auch nur einen Theil der obigen Untersuchungen zusammen, so haben wir Material genug, den Grad der Wahrscheinlichkeit zu erhöhen, dass ביתר und Vetera identisch sind, wenn wir auch den Beweis dafür nicht für vollständig erbracht halten dürften. Die Beweisführung der Wahrscheinlichkeit aber, dass Sephoris als die Doppelgän-

---

*) S. jedoch unten §. 19.

[7]) Ein zweiter jüdischer Gelehrter mit noch grösserer Divinationsgabe ist Benjamin Musafia, welcher durch seine Kenntniss der klassischen Sprachen ein grosses Uebergewicht über Raschi hat und ein weiteres Feld für seinen Combinationsgeist. Auch er, Musafia, kennt die Castra von Sephoris und beschreibt sie mit historischem Sinn im 3. Artikel גסטר, doch weiss er nicht wie Raschi die richtige Bedeutung ישנה=Veter.

[8]) Nach Raschis Erklärung ist besser ישנה ohne Artikel, zu lesen, und so liest auch das Citat aus Kidduschin in Bamidbar rabba IX.

gerin von Tur Malka und ביתר der Schauplatz des letzten Kampfes war, werden wir erstens noch aus hebräischer Quelle durch die Wiederherstellung der unrichtig aufgefassten Bedeutung eines Wortes abrunden. 2) durch eine Stelle aus dem berühmten, etwa um 400 verfassten Werke Notitia dignitatum imperii Romani.

§. 15. Das Hühnerpaar von Tur Malka.

Wir haben zu beweisen gestrebt, dass ביתר und ציפורין einerseits und ביתר und טור מלכא andererseits sich decken, folglich müssen auch die Namen טור מלכא und ציפורין einer und derselben Stadt angehören. Letztere hat selbst ihren Namen von diesem sonst nützlichen Hausthiere[9]), welchem Tur Malka sein Unglück zuzuschreiben hatte. Von wem, wann und zu wessen Ehren sie ihn erhalten, ist fraglich. Wir wissen, dass schon zur Zeit des ersten Eingriffs der Römer in die Selbstständigkeit des Volkes Sephoris gross genug erschien, um Eines der 5 hohen Räthe aufzunehmen. (Jos. A. XIV, 5, 4). S. §. 10. Es scheint jedoch, dass erst Herodes Antipas beim Umbau der Stadt ihr den Namen aus Schmeichelei für die Römer im Allgemeinen, welchen die Vögel heilig waren, gegeben hat, oder aus Schmeichelei für die Kaiserin Livia, welche eine besondere Liebhaberei für Hühner und eine Villa „Ad Gallinas" gehabt (Sueton, Galba I.). Dass jener Ort, in welchen Gabinius einen hohen Rath legte, unser Sephoris ist, leidet keinen Zweifel, aber Josephus schreibt Samphora und Saphora und das giebt der Vermuthung einen Anhalt mehr, dass ציפורין ein neuerer Name war. Zu Ehren dieser Kaiserin nannte derselbe Herodes auch eine Stadt Livia. Aus den Formen Samphora und Saphora ist im Jerusch. Meg. III, 1 צנברי und in der Notitia dignitatum .... Sabura hervorgegangen, beide nichts Anderes, als Sephoris. Von Sabura s. unten §. 19.

---

[9]) Eine Deutung, welche auch vom Talmud (Megilla 6) aufgenommen wird, ohne dass er sie gut zu benutzen weiss.

Das Symbol der Stadt Tur Malka bei der Hochzeitfeier war Hahn und Huhn, und zwar als Ausdruck des Wunsches der Fruchtbarkeit. Eine vorüberziehende Römerschaar vergriff sich einst an diesem Sinnbild; das liessen sich die Einwohner nicht gefallen, züchtigten die Räuber und büssten ihre ausgeübtes jus talionis mit dem Untergange der Stadt (Gittin 57)[10]). Nehmen wir an, dass hier wieder von Sephoris gesprochen wird, so erklärt sich Manches besser. Hühner waren das Zeichen der Stadt und ihr Namen, und man braucht keinen weitern Grund für deren Verwendung bei Feierlichkeiten. Als Gegner Jerusalems und schlechte Juden überhaupt wird den Sephoriten ihr Hühnernamen und ihre Vorliebe für das Thier verargt. da in Jerusalem das Huhn zu hegen verboten war, da man ausserdem den Kutäern einen abgöttischen Hühnerdienst zuschreibt (Synhedrin 63 b). Den Namen טור מלכא bekam Sephoris von Bar Koseba (der ja מלכא משיחא von Akiba genannt wurde). nachdem er die Römer aus der Castra von Sephoris gejagt und dieses selbst wieder dem Volksverband zugeführt hat. Ob Tur Malka von dem ganzen, grossen, vereinigten Sephoris gebraucht wurde, oder von einem einzelnen Theile, z. B. der Castra, oder vom Berge Assamon-צלמון u. a. wage ich nicht ermitteln zu wollen.

§. 16. Das Huhn von ביתר. (?)

Hat Tur Malka seine Hühner, so hat sein Doppelgünger ביתר laut der herkömmlichen Auffassung sein Huhn. Auch dieses Huhn soll ein kräftiges Ei für die Beweisführung geben, dass die Städte ביתר und ציפורין nicht verschie-

---

[10]) Die Römer scheinen damals besonders auf Hühnerbraten erpicht gewesen zu sein. Ihr Kaiser lässt sich eine Hahnkeule serviren und dazu als Tafelmusik das Schreien der von ihm gemordeten Gefangenen, nachdem er eben die ganze Stadt der Hühner ציפורין verschluckt hat; seine Soldaten verletzen in ihrer Essgier die heiligen Gefühle eines Brautpaares. Doch ist vielleicht das Thatsächliche hierbei, dass die Truppe das Brautpaar selber rauben wollte.

den sind. Echa rabba II, 2 sagt der schlaue Samarier zu Hadrian:

כל יומין דהדא תרנגולתא (es ist zweifelhaft ob das Zeitw. נוע mit Nun oder גוע mit Gimmel zu lesen ist. In letzterem Falle: schreien, heulen unter Asche) מתנענעה בקיטמא לית את כביש לה. „So lange diese H e n n e sich in Asche bewegt, wirst Du sie nicht bezwingen." Wer ist die Henne? Man hat bisher allgemein erklärt אלעזר המודעי sei diese Henne! Aber welches tertium comparationis ist zwischen dem frommen Rabbi und einer Henne? und was hat sich der Erzähler hier gedacht? und warum lässt er den Rabbi nicht wenigstens H a h n sein? Das Quid pro quo wird leicht in Ordnung gebracht, wenn wir wissen, dass תרנגולתא nur spöttelnder Name für ציפורין ist. Der Samarier sagt: du wirst diese Henne nicht bezwingen (diese Stadt ציפורין), so lange sie in Sack und Asche sich bewegt, d. h. so lange sie fromm ist, und trauernd zu Gott um Rettung betet. Die Ausdrücke „du wirst s i e nicht bezwingen" kann nur auf die Stadt nicht auf Eleasar bezogen werden. Kann man noch zaudern ביתר da zu suchen, wo ich es gefunden habe?

Andere Stützen meiner Behauptung sind

1. Die Erklärung des Rabbi Jose, geborenen Sephoriten (Jerusch. Taanit IV, 5.):

„חמשים ושתים שנה עשתה ביתר לאחר החרבן ולמה חרבה . . . ."

Die Frage warum es zerstört worden, passt nicht zum vorgehenden Satze, der sich allerdings auf die Mischna bezieht, wo es heisst ונלכדה ביתר, allein e i n g e n o m m e n und zerstört ist nicht einerlei. Hier ist וחרבה statt לאחר החרבן hinter ביתר zu lesen denn R. Jose will keinen Terminus ad quem angeben, der Schwerpunkt seiner Mittheilung soll sich an den Umstand knüpfen, dass die Stadt in ihrem Dasein nur 52 Jahre zurückgelegt hatte, als sie zerstört wurde.*) Und warum diese Strafe? weil u. s. w. Diese Zahl von 52 Jahren

---

*) Das V. עשה kommt oft, und besonders im Jeruschalmi vor in der Bedeutung zubringen, zurücklegen.

muss aber unwiderleglich zeigen, dass ביתר nichts anders ist als die Castra von Sephoris, welche Vespasian 66—68 angelegt hat, und die im Anfang der Regierung Hadrians zerstört wurde. Zerstört wurde aber die Castra zweimal: erst durch Bar Koseba zu Anfang des Krieges um 120 und dann zu Ende um 124, $3\frac{1}{2}$ Jahr nach Anfang des Krieges.

Ich weiss, wie sehr es gewagt ist, den Bar Koseba zum Zerstörer von ביתר zu machen. Aber wir können bloss vermuthen, dass er die römische Zwingburg in Mitten des jüdischen Landes von den tyrannischen Feinden gesäubert habe. Wie viele von der Besatzung bei ihrem Widerstand getödtet worden sein mögen, darüber fehlt jeder Wink. Nur als Voraussetzung nehmen wir an, dass ein so geschickter Feldherr dem mächtigen Feinde nicht den starken Stützpunkt des Veter belassen haben wird. Am Anfang des Krieges hat Hadrian noch wenige Truppen in Galiläa gehabt, da die Armee wohl Theils noch in Parthien stand, und einen Theil mochte er in Jerusalem zur Errichtung der Aelia Capitolina lassen, wie einst daselbst Nehemia seine Mannschaft halb zum Bau, und halb zum Waffenschutz desselben brauchte.

2. Derselbe R. Jose sagt (S. oben §. 9): „Ich sah Sephoris noch in ihrer friedlichen Grösse, sie hatte damals 181 Märkte blos für Grünkramwaaren[11]). R. Jose sprach so etwa 30 Jahre nach dem Hadrianischen Kriege und er sprach von Sephoris ganz so wie andere Rabbinen von ביתר. Auch 60 Jahre später sagt der andere berühmte Sephorite R. Jehuda ha-Nasi: Es leben noch Greise, welche das Un-

---

[11]) In unseren Ausgaben steht מאה ושמונים אלף eine Uebertreibung, die man dem nüchternen ר' יוסי nicht zutrauen darf. Es ist entweder das אלף späterer Zusatz zu dem ursprünglichen מאה ושמונים שווקים, oder es waren Zahlbuchstaben קפ"א woraus ein Abschreiber Zahlwörter gemacht hat. Grosse Marktplätze hat Sephoris nur 2 gehabt, und die hier 181 Märkte von Grünwaaren sind = Kramläden, was für die grosse Stadt, deren Weichbild katexochen das Milch und Honig fliesende Land war, nicht zu viel ist.

glück von ביתר׳ mit erlebt haben." Kann man noch zaudern, ביתר bei oder in ציפורין zu suchen?

3. Die Legende des R. Elieser des grossen, d. h. Elieser Sohn des Hyrkanus (Gittin 57), ist allerdings sehr übertrieben: Es soll das Blut der Erschlagenen von ביתר zwei in entgegengesetzter Richtung fliessende Bäche in בקעת ידים (grosse Ebene, siehe oben) zu ihrem dritten Theile mit Blut erfüllt haben. Die Hyperbel ist sehr stark, aber sie ist doch von Werth, da wir aus ihr erfahren, dass ביתר in oder nah bei der grossen Ebene gelegen haben muss. Keinesfalls konnte ביתר in der Nähe von Jerusalem gelegen haben.

§. 17. Ergebnisse.

Ad 1. Die Castra bei Sephoris ist etwa 3 Jahre vor der Zerstörung des Tempels entstanden, und unter Hadrian vernichtet worden, ihre Bevölkerung und der gewöhnliche Zubehör an Civilpersonen war Anfangs nur die römische Besatzung, konnte also weiter Nichts von sich als jüdische Stadt reden machen. Die Vorkommnisse daselbst hat man als Vorkommnisse von Sephoris betrachtet. Die jüdischen Erzähler datiren die durch Hadrian erfolgte Eroberung von dessen Thronbesteigung als runde Zahl, und das sind gerade die 52 Jahre, welche סדר עולם und Jeruschalmi als zwischen den Zerstörungen von Jerusalem und Veter liegend angeben.

Ad 2 und 3 zu §. 10. Dass die Geographen kein ביתר kennen, ist nicht bloss in Ordnung, sondern ein kräftiger Beweis für das Nichtsein des alten ב׳, wie des Josephus Zeugniss von der Gründung der Colonie bei Sephoris ein Beweis für das wirkliche. Ja es ist wahrscheinlich, dass auf seinen Rath und seine Vermittlung die Sephoriten die Besatzung verlangten und erhielten. S. oben 28.

Ad 5. Hadrian scheute sich zu gestehen, dass ihm diese Colonie weggenommen wurde von den Juden, und das war auch der Grund seiner wilden Blutgier gegen die Besiegten.

Ad 6—11 erledigen sich von selbst.

Ad 12. Die unerhörte und deshalb unglaubliche Freudenbezeugung einer angeblichen Stadt ב׳ über die Verbrennung des heiligen Tempels ist jetzt nicht mehr unerhört und nicht unglaublich. Die Einwohner dieses ביתר waren ja Römer und es stand ihnen zu, über den endlichen Sieg des Titus zu jubeln. Vielleicht ist die Erleuchtung nur dieselbe, welche die Angabe Gittin 57 der Stadt Tur Malka zuschreibt. Dort hätten wir eine verblümte Erzählung vom Kampf um ביתר. Der Kaiser wurde zuerst durch בר דרומא geschlagen, der Uebermuth des Siegers hatte ihm den Sieg zurückgegeben etc. etc. Poetisch wahr sagt der Erzähler, dass während auf der Einen Seite der Stadt die Juden erwürgt wurden, haben auf der andern Seite Veter und die Römerfreunde getanzt!

Ad 13 erledigt sich von selbst.

Ad 14 Der zweite Theil des Wortes, תר, soll angeblich sich auf Spiondienste der Einwohner beziehen, allein die Sache selbst wie die Etymologie sind erfunden[12]).

Ad 15 ist nun klar, dass nicht nur die Worte des R. Jose uns über seine, von dem Kriege schwer mitgenommenen Heimat aufklären (s. oben § 9 und 16), sondern wir wissen auch, dass wir unter ביתר und טור מלכא selbst die Begebenheiten von Sephoris erfahren. Dass Sephoris nicht bei diesem seinen später, bei den Juden wenigstens, stehend gebliebenen Namen genannt wird, hat seinen Grund darin, dass eben in jenen Jahren die Stadttheile Vetera und Tur Malka die am häufigsten genannten waren.

---

[12]) Ewald, sonst so fertig in Etymologie, hat meines Wissens sich weder der alten erfundenen Deutung angeschlossen, noch eine eigene gegeben. Ueber die Oertlichkeit von ביתר sagt er in den Gött. Anzeigen 1868 S. 2030: „Hier liegt .... ein noch schwieriges Räthsel vor, da uns eine .... Nachricht fehlt, welche die ganze Frage kurz entscheide." Für meine Vetera ist E. einige Monate zu frühe gestorben. Er wäre Einer der Ersten gewesen, sie zu beschützen. Er hatte für solche Combinationen besonders willigen Sinn.

Zu einer weitern Stütze für die Annahme der Nähe Veter und Sephoris möge eine durch deutsche Uebersetzungen aus Federn berühmter Männer bekannt gewordene Erzählung dienen, die auf Geist und Charakter des Kaisers Hadrian ein günstigeres Licht wirft. Die anziehende Erzählung wird vom Midrasch in chaldäischer und hebräischer Sprache gebracht. Ich wähle die kürzere letztere und ergänze sie durch einige Worte aus den chaldäischen Parallelen. Die Stelle ist Taachuma. Wochen-Abschnitt Kedoschim und lautet: „Es begab sich dass Kaiser Hadrian zum Kampf vorbeizog (in diesen Wegen von Tiberias.[13]) Er zog mit seinen Schaaren zur Bekämpfung einer Stadt, die sich gegen ihn empört hatte (nämlich Sephoris-Veter). Er traf einen Greis, welcher Feigenbäume pflanzte... Drei Jahre brachte er im Kriege zu, bei seiner Rückkehr fand er denselben Greis am selben Orte schon Feigen ernten.... Und nun folgt die Erzählung von dem schenkenden Kaiser und dem reich beschenkten Greis, von der neidischen Xantippe und ihrem hart beschenkten Ehemanne. Man kann diese Erzählung, eine der schönsten im Midrasch, anderswo in verschiedenen Sammlungen lesen, für meinen Zweck wäre sie vollständig, des Guten zuviel, es genügt zu zeigen, dass im Alterthume die Meinung herrschte, Hadrian habe eine empörte Stadt in der Nähe von Tiberias drei Jahre lang bekämpft, und man weiss von keiner anderen Stadt dies zu sagen, als von Sephoris-Veter. Dabei erfahren wir, dass der Kaiser während des Krieges selbst in Palästina, und zwar an der Spitze seiner Armee war, eine Angabe, welche von den Rabbinen überall gemacht und von mehren heidnischen Schriftstellern bestätigt, während sie von andern geleugnet wird. Wahrscheinlich ist die erstere Meinung, welche auch im samaritanischen Buche Josua herrscht, und

---

[13]) Es wird Tiberias nicht Sephoris genannt, wahrscheinlich weil der Verfasser in der ersten Stadt lebte, und weil letztere die aufrührische Stadt war, um welche Hadrian 3 Jahre kämpfte.

scheint es, dass der reisefertige Kaiser nicht drei Jahre lang Hoflager in Palästina gehalten, dazu fehlte ihm ein Ort, da das ganze Land und selbst Caesarea verwüstet lag, aber er war mehrmals zu Anfang seiner Regierung längere Zeit in der Nähe, in Aegypten, Syrien und Achaja, von wo aus bei wichtigen Fällen des Krieges er auf kurze Zeit persönlich in denselben eingriff. Kein Freund des Krieges und zu so grosser Anstrengung von dem kleinen von ihm verachteten Volk gezwungen, das hat ihn so rachsüchtig gemacht. S. 9.

§ 18. Der Fluss יורדת הצלמון.

Der geographische Namen Zalmon kommt im A. T. als Berg bei Sichem vor (Richter 9, 48), in zweifelhafter Bedeutung in der Stelle Ps. 68, 15. In der Mischna wird er einige Mal als Ortsnamen (Kilajim IV, 9 mit Weinbau Jebamot XVI, 6 mit giftigen Schlangen genannt. Neubauer führt eine Stelle an Orla I, 2, wo aber das Wort nicht gefunden wird, sie ist Tosefta Para 8. In diesen Mischnastellen ist die Schreibart צלמין mit Jod, und weist auf eine griechische Form Salamis hin). In der Stelle Para 8 wird das Flüsschen Joredet Hazalmon genannt, welches zur Zeit des Krieges um ביתר versiegt sei[14]). Indess ist zu zweifeln, ob צלמון das biblische צלמן sei, es lautet vielmehr ganz griechisch Σαλαμις, wofür die Form mit ν bekanntlich als Stammform eintritt.[15]) Schon aus diesem Grunde ist der Schluss, dass ביתר in der Nähe des Berges Zalmon lag, hinfällig. Dagegen wenn die Lesart wirklich Zalmon ist, so habe ich keinen Grund, an der Aufrechthaltung meiner Annahme, dass Sephoris der Mittelpunkt des Kampfes war, zu verzweifeln

---

[14]) S. Grätz Gesch. d. J. IV, 459.

[15]) Vergleiche Reland, Palästina 975. Jos. Schwarz, d. heilige Land S. 107 sagt: „In einer griechischen Urkunde (sic!) fand ich die Angabe „Zalanine ist eine Stadt in der Gegend von Diospolis (Lod)". Die „griechische Urkunde" ist nichts Anderes als die Stelle in Reland, in welcher aber nicht gesagt wird, dass Salamine in der Gegend von Diospolis lag, sondern dass es selbst so hiess.

Josephus B. j. II, 18, 11 nennt einen Berg bei Sephoris namens Asamon, welcher ganz die Form der hebräischen הַצַּלְמוֹן (wo das ה nicht Artikel ist), vertritt. Auf diesem Berg fiel im Vespasianischen Kriege ein Kampf vor, und von diesem Berg stürzte wohl ein Bächlein herab in die Stadt, welches die Belagerer den Belagerten abgegraben haben.

§. 19. Sephoris als Castra vetera in römischer Quelle.

Es sind oben aus hebräischen Quellen Beweise genug geführt worden, dass das angeblich hebräische בּיתר römisch ist. wir krönen am Schlusse unsere Angaben durch einen Hinweis auf einen römischen Schriftsteller, der an der Grenze zwischen Alterthum und Mittelalter gelebt und sich besonders mit den Lagerplätzen der Römer beschäftigt hat. Wir meinen die oben genannte Notitia dignitatum.[16])

Daselbst I. Cap. 29 S. 79 sagt der unbekannte Verfasser unter Aufzählung der damaligen Besatzungen von Palästina: no 10 Equites primi felices sagittarii indigenae Palaestini Saburae sive vetero cariae.

Diese reitenden Schützen waren also Landeskinder. Von der Stadt Sephoris ist bekannt, dass ihre jüdischen Einwohner ins römische Heer aufgenommen wurden.

Die sämmtlichen Namen im Cap. 29 „Palästina," sind mehr, oder weniger schwierig zu erklären, und von Saburra und seinen zwei Nachbarn sagt Carl Ritter, Vergleichende Erdkunde der Sinai Halbinsel... (I S. 113). Sie „sind zu unsicher im Text überliefert, um mehr als Hypothesen zu veranlassen". Solche Hypothesen haben auch die beiden Herausgeber der „Notitia" Pancirolus und Böcking. Vom Ersteren sagt Letzterer (S. 347): „Von Sabure sive

---

[16]) Ich habe die Ausgabe von E. Böcking, Bonn 1839 vor mir. Der Titel lautet: Notitia dignitatum et administrationum omnium tam civilium quam militarium in partibus orientis et occidentis.

Vetero caria hat Pancirolus gefaselt es sei Sabaria, eine Stadt in Pannonien". Darauf will Böcking selbst einen Ort Cercar im Petraeischen Arabien gemeint wissen, Sabura aber kaum, und Vetero gar nicht berücksichtigend. Reland, der in seinen Vergleichungen so oft den Nagel auf den Kopf trifft, hat im 1sten Buche seines Werkes das 29. Cap. der Notitia aufgenommen, aber wie Ritter verzichtet er auf Hypothesen bei der betreffenden Stelle. Dagegen hat er im 3ten Buche bei dem Artikel Sabura folgende Worte: „Ich will nicht für gewiss halten, dass in der Notitia statt Saburae sive Vetero Cariae zu lesen ist Saburae sive dio caesarea, welche beide Namen der Stadt Sephoris angehörten. Mir aber bietet sich kein anderer Ort dar, welchem ich jene Namen anpassen könnte". Diese Aenderung Relands ist ein Fortschritt, denn vetero caria hat keinen Sinn, wenn man nicht caria für d. semitische קריה nimmt und mit Altstadt erklärt. Dass aber der Namen Sephoris auch Saphora und Samphora geschrieben wurde, haben wir oben aus Josephus gesehen. Auch würde die grosse und wegen ihres tumultuarischen Charakters mehr als jeder andere Ort in Palästina einer Besatzung bedürftige Stadt in dem Verzeichniss ganz fehlen, wenn sie nicht unter Sabura verstanden werden soll; aber die Umwandlung von Vetero caria in Dio caesarea ist ziemlich gewaltsam. Ich schlage daher eine andere, mit Relands Mittel und Vorgang gewonnene Verbesserung vor, welche zugleich die Sicherheit meines Weges nach Veter vervollständigt: Man lese Vetero castra oder Vetera castra statt des keineswegs haltbaren caria, wenn man es nicht, wie oben, für das hebräische קריה oder קרתה nehmen will. Die hebräisch-chaldäische Form קרת, קרתא hat sich in mehreren Städtenamen wie Certa und Cirta erhalten; und in Sephoris konnte gerade die Festung, d. h. das römische Lager „Altstadt" heissen, da die übrigen Theile mehrmals zerstört und neu gebaut wurden. Welcher Theil von Sephoris nun auch gemeint sein mag, wir haben den Eigennamen Veter aus römischer Feder bei ihr ruhen.

Meine Feder ruht nun auf erworbenen Wahrnehmungen der beendeten Arbeit. Ob sich das von mir aufgedeckte Brünnlein in den Sand der Vermuthungen unbeachtet verlaufen wird, oder ob sich andere Brünnlein demselben zugesellen werden und es zu einem befruchtenden Bache bereichern werden, will ich von einer gewissenhaften Beurtheilung abwarten.

§. 20. Nachtrag.

Nach dem vorhergehend erörterten ist die Annahme durchgeführt, dass das rabbinische Bether römische Stadt mit römischem Namen ist. Aber noch ein anderer Weg zur Deutung des Namens ביתר kann eingeschlagen werden, wenn auch nicht zur Auffindung einer einzigen bestimmten Stadt: wohl aber eines grossen Umkreises von Städten. Die vorhergehende Vermuthung ruht auf sprachlicher Verwechslung und Sitte im römischen Kriegsleben, die Vermuthung, welche wir hier nachtragen, ruht auf Missverständniss und Sitte der alten, besonders jüdischen, Abschreiber. Wir müssen vorher noch einen Umstand geltend machen, welchen wir früher nur vorbeigehend berührt haben: Midrasch Echa r. nämlich (I. 16) wird das grosse Blutbad von ביתר nach בית רמון verlegt, ביתר aber gar nicht erwähnt, während der Midrasch selbst II.2 so ausführlich von ביתר spricht, und es scheint, dass auch hier zwei Relationen von derselben Oertlichkeit vor uns liegen, wie wir oben bei Tur Malka gesehen haben, aber hier trat noch ein Schreibgebrauch hinzu, beide Namen zu verwechseln: Es war Gebrauch, ja bei der heiligen Schrift Gesetz, dass in dem Falle die Zeile bei ihrem Schlusse das volle Wort nicht ganz aufnehmen kann, man nur den ersten Buchstaben dieses Wortes am Schlusse der Zeile schrieb, das volle Wort aber dann am Anfang der folgenden Zeile nach trug. Wenn nun am Ende der Zeile בית רמון stehen sollte, für das ganze Wort רמון aber nicht Raum war, so schrieb man בית־ר, da aber die

Wörter bei den Alten durch wenig, oder gar keinen Zwischenraum getrennt waren, so konnte leicht ein späterer Abschreiber ביתר aus בית ר machen. Dies mag früher geschehen sein, und bei dem geringen Grad von Geschichtssinn überhaupt neben der Unsicherheit des Aufenthaltes der spätern Erzähler waren Mittheilungen auf diesem Felde nur selten von Forschungen getragen, und so blieb der Lapsus calami ungestört, bis er das Ansehen einer Thatsache usurpirt hatte. Der Namen einer Stadt Bether war nun gegeben, ob mit Recht, oder Unrecht, darauf kam's nicht an, die Stadt selbst ist nachher zum Namen erfunden worden, sie aber zu entdecken ist hundert Gelehrten bis heute noch nicht gelungen.[17])

Durch diese zweite Hypothese über den Ursprung der angeblichen Stadt bleibt der Schauplatz des mörderischen Krieges derselbe wie bei der ersten, nur im grössern Umfange, und ohne die Wahrscheinlichkeit des Kriegs um die Castra vetera aufzuheben: Die Grosse Ebene war, wie wir gesehen, zur Wahlstadt wie geschaffen und besonders für einen Volkskrieg. Ihr Kreis von Städten und Flecken volkreich, ihr gebirgiger Saum voll von Höhlen und Schluchten, welche man durch Mauerwerke zu kleinen Festungen vorbereitete, von welchen aus tapfere Patrioten nach Maassgabe der Gelegenheit den mit der Oertlichkeit unbekannten Feind bald überfielen, bald sich vor ihm sicher stellten. Und es ist nicht zu verwundern, wenn man von so ungeheuerer Bevölkerung von ביתר hört, und dass die kleine Zahl der jüdischen Streiter dem Weltreiche so lange Zeit Widerstand geleistet hat.

---

[17]) Dass grade bei diesem Namen ביתר von den Copisten gesündigt worden, zeigt der von Rapoport zuerst berichtigte Fehler in der Stelle Jeruschalmi Ta-anit IV, 5, wo gesagt wird רבי war der Zeit nach nah den חרבן בית מוקדשא, welches heissen muss חרבן ביתר. Hier hatte der erste Schreiber entweder das ר vergessen, oder wirklich בית ר geschrieben, ein späterer hat sodann in seiner Unwissenheit zu בית das Wort מוקדשא gesetzt.

Anhang
Hebräische Beilagen.
(Siehe oben §. 9.)

I.

Genesis rabba C. 64. Grund und Vorbereitung zur Erhebung der Juden gegen Kaiser Hadrian, welcher den Tempel zu Jerusalem wieder aufzubauen versprochen, und nun statt des Jehova-Tempels eine heidnische Stadt mit dem Götzentempel auf die geweihte Stelle setzt. Es scheinen heisse Redekämpfe zwischen den Parteien stattgefunden zu haben, und Josua b. Chananja von Egypten, wo er damals bei Hadrian weilte, zur Beschwichtigung herbeigerufen worden zu sein. Er versuchte es durch den Vortrag der Fabel 102 aus dem Aesop, was aus seinem Versuche und aus ihm selbst geworden ist, blieb unbekannt, man hat von R. Josua nichts weiter gehört.

בימי רבי יהושע בן חנינה גזרה המלכות שיבנה בית המקדש הושיבו פפס ולוליאנוס טרפיזין מעכו ועד אנטוכיא והיו מספקין לעולי גולה כסף וזהב וכל צרכם. אזלין אילין כותאי ואמרי ידיע להוי מלכה דהדין קרתא מרדתא תתבני ושוריא ישתכללון מנדא. בלו. והלך. לא יתנון. מנדא. זו מדת הארץ. בלו זו פרובנירון. והלך. אנגרוטינה ואמר להון מה נעביד וגזירית אטרין ליה שלח להון ואמר או ישנון יתיה מאתריה או יוספון עלי חמש אמין או יבצרון מינה חמש אמין ומן גרמיהון אינון הזרין בהון והוון קהלייא מצטמתן בהדא בקעקא דבית רמון כיון דאתון כתביא שירין בכיין בעיין למטרד על מלכותא אמרין יעול חד בר נש חכימא וישדך צבורא אמרין יעול רבי יהושע בן חננה דהוא אסכולסטיקא דאוריתא עאל ודריש ארי טרף טרף ועמד עצם בגרונו אמר כל דאתי מפיק ליה אנא יהיב ליה אגריה. אתא הדין קורא מיצראה דמוקוריה אריך יהיב מוקרה ואפקיה אמר ליה הב לי אגרי אמר ליה זיל תהא מלגלג. ואומר דעילת לפומיא דאריא בשלם ונפקית בשלם כך דיינו שנכנסנו לאומה זו בשלום ויצאנו בשלום:

II.

Talmud hierosalymitanum, Tr. Ta-aniot IV, 5. Innerhalb dieses Stückes fliesst die rabbinische Hauptquelle über den Kampf um Bether, sie wird aber getrübt durch den erzählenden Character des Rabbi Jochanan, der immer in Uebertreibungen unermüdlich arbeitet. Er arbeitet jedoch nicht allein in diesem Fache: Hat er gewusst, dass die Belagerer 160,000 Hornisten gehabt, deren jeder mehre Schaaren Soldaten hinter sich führte, so hat Simon b. Gamaliel gewusst, dass die Belagerten ¼ Million Studenten unter sich hatten, die versicherten, mit ihren Schreibegriffeln dem eindringenden Feinde die Augen auszustechen. Bemerkenswerth ist, dass zu jener Zeit bei den bürgerlichen Römern der Gebrauch war, den Schreibegriffel (er war von Eisen) als Messer zu benutzen. Die letzte Waffenthat Cäsars war ein mit dem Graphium geführter Stoss gegen den ersten seiner Mörder, Casca. In dem römischen Veter hat man sich römischer Waffen und römischer Sprachweise bedient.

רבי הוה דרש עשרין וארבעה עובדין בכלע ה׳ ולא חמל ורבי יוחנן
דרש אשיתין ור״י יתיר על ר׳ אלא ע״י דר׳ הוה סמיך לחיבן בית המוקדשא
הוה תמן סבן נהירין והוה דרש ואינון בכיי ומשתתקין וקיימין לון תני אמר
רבי יהודה בי רבי אלעאי בדוך רבי היה דורש הקול קול יעקב והידים ידי
עשו קולו של יעקב צווח ממה שיעשו לו ידיו של עשו עשו בכיתא תני רשב״י
עקיבא רבי היה דורש דרך כוכב מיעקב דרך כוזבא מיעקב רבי עקיבא כד
הוה חמי בר כוזבא הוה אמר דין הוא מלכא משיחא אמר לו רבי יוחנן בן
תורתא עקיבא יעלו עשבים בלחייך ועדין בן דוד לא יבא א״ר יוחנן קול
אדריינוס קיסר הורג בביתר פ׳אלף רבוא אמר רבי יוחנן שמנים אלף זוג של
תוקעי קרנית היו מקיפין את ביתר וכל אחד ואחד היה ממונה על כמה
חיילות והיה שם בן כוזבא והיו לו מאתים אלף מטיפי אצבע שלחו חכמים
ואמרו לו עד אימתי את עושה את ישראל בעלי מומין אמר להן וכי האך
איפשר לבודקן אמר לו כל מי שאינו רוכב על סוסו ועוקר ארז מן לבנון
לא יהיה נכתב באיסטריא שלך והיו לו מאתים אלף כך ומאתים אלף כך
וכד הוה נפיק לקרבא הוה אמר רבוניה דעלמא לא תסעוד ולא תכסוף הלא
אתה אלהים זנחתנו ולא תצא בצבאותינו שלש שנים ומחצה עשה אדריינוס
מקיף על ביתר והוה רבי אלעזר המודעי יושב על השק ועל האפר ומתפלל
בכל יום ואומר רבון העולמים אל תשב בדין היום בעא אדריינוס מיזל ליה

אמ' לו חד כותיי לא תיזל לך דאנא חמי מה מעבד ומשלים לך מדינתא עאל ליה מן כיכא דמדינתא עאל ואשכח ר"א המודעי קאים מצלי עבד נפשיה לחייש ליה בגו אודניה המוני בני מדינתא ואייתוני' גבי בן כוזיבא אמין ליה חטנן הדן סבא משתעי לחביבך א"ל מה אמרת ליה ומה אמר לך א"ל אי אנא אמ' לך מלכא קטל לי ואי לא אנא אמר לך את קטיל יתי טב לי מלכא קטל יתי ולא את אמר ליה א"ל דאנא משלים מדינתא אתא גבי ר"א המודעי א"ל מה אמר לך הדן כותייא א"ל לא כלום יהב ליה חד בעיט וקטליה מיד יצאת בת קול ואמרה הוי רועיא אליל עוזבי הצאן חרב על זרועו ועל עין ימינו זרועו יבש תיבש ועין ימינו כהה תכהה הרגת את ר"א המודעי זרועו של כל ישראל ועין ימינו של ימינך זרועו של אותו האיש יבוש יבוש ועין ימינו כהה תכהה מיד נלכדה ביתר ונהרג בן כוזיבא אתון טעינין רישיה גבי אדריינוס אמ' לון מאן קטל הדן א"ל חד כותייא אנא קטלתיה אמר לו חמי ליה פטומטיה חמי ליה פטומטיה אשכח חכינא כריכא עלוי אט' אלולי אלהא דקטליה מאן הוה יכיל קטליה וקרי' עלוי אם לא כי צורם מכרם וה' הסגירם והיו הורגים כהם והולכים עד שישקע הסוס בדם עד הוטמו והיה הדם מגלגל סלעים משאוי ארבעים סאה עד שהלך הדם כים ארבעת מיל אם תאמר שהיא קרובה לים והלא רחוקה מן הים ארבעים מיל אמרו שלש מאות מוחי תינוקת מצאו על אבן אחת ומצאו ג' קופות ישל קצוצי תפלין של תשע תשע סאין ויש אומרים תשע של שלש שלש סאין תני רשב"ג אומר חמש מאות בתי סופרים היו בביתר והקטן שבהן אין פחות מחמש מאות תינוקת והיו אומר אם יבאו השונאים עלינו במכתובים הללו אני יוצאים ומנקרים את עיניהם וכיון שגרמו עוונות היו כורבים כל אחד ואחד בספרו ושורפין אותו ומכל לא נשתייר אלא אני וקרא על גרמי' עיני עוללה לנפשי מכל בנות עירי כרם גדול היה לאדריינוס הרשע שמנה עשר מיל על שמנה עשר מיל כמין טיכריא לציפורי והקיפו גדר מהרוגי ביתר מלא קומה ופשוט ידים ולא גזר עליהם שיקברו עד שעמר מלך אחר וגזר עליהם שיקברו אמר רב הונא משניתנו הרוגי ביתר לקבורה נקבע הטוב והמטיב הטוב שלא נסרחו והמטיב שניתנו לקבורה:

III. Talmud Babli Gittin 56,b:

אמר רבי יוחנן . . . . . אתרנגולא ותרנגולתא חרוב טור מלכא אשקא דריספק חרוב ביתר . . . . . :

Daselbst 57.

אתרנגולא ותרנגולתא חרב טור מלכא דהוו נהיגי כי הוו מפקי חתנא וכלתא מפקי קמייהו תרנגולא ותרנגולתא כלומר פרו ורבו כתרנגולים יומא חד הוה קא חליף גונדא דרומאי שקלינהו מנייהו נפלו עליהו מחונהו אתו אמרו ליה לקיסר מרדו בך יהודאי אתא עליהו הוה בהו ההוא בר דרומא דהוה קפיץ מילא וקטיל בהו שקליה קיס' לתאגיה ואותביה אארעא אמר רבוניה

דעלמא כולא אי ניחא לך לא תמסריה לההוא גברא לדידיה ולמלכותיה בידיה
דחד גברא אכשליה פומיה לבר דרומא ואמר הלא אתה אלהים זנחתנו ולא
תצא בצבאותינו דוד נמי הכי אמר אתמוהי קא מתמה על לבית הכסא
אתא דרקונא שמטא לכרבשיה ונח נפשיה אמר הואיל ואתרחיש לי ניסא הא
זמנא אשבקינהו שבקינהו ואזל אזדקור ואכלו ושתו ואדליקו שרגי עד דאתחזי
בליוני דגושפנקא ברחוק מילא אמר מיחרא קא חדו בי יהוראי הדר אתא
עלייהו א"ר אסי תלת מאה אלפי שלפי סייפא עלו לטור מלכא וקטלו בה
תלתא יומא ותלתא לילותא ובהך גיסא הלולי וחנגי ולא הוו. ידעי הני בהני:

Darauf folgt eine Angabe des רבין im Namen des Jochanan, dass auf dem הר המלך 600,000 Städte waren, deren jede
600,000 Männer zählte, 3 aber das Doppelte. Der Sammler
der Volkssagen schloss diese Hyperbel hier an, weil er das
טור מלכא mit הר המלך für gleichbedeutend hielt, und weil diese
Sage ebenfalls aus dem Munde des Jochanan stammt.

IV. Midrasch Echa rabba II, 2.

Ist ganz aus No. II geflossen, hat aber mehrere, nicht
unwichtige Abweichungen.

ר' יוחנן הוה דריש שיתין אפין בכלע ה' ולא חמל ור' הוה דריש עשרין
וארבעה אפין לא דר' יוחנן יתיר על רבי אלא רבי על ידי שהיה סמוך
לחרבן הבית היה נזכר והיה דורש ובוכה ומתנחם א"ר יוחנן ר' היה דורש
דרך כוכב מיעקב אל תיקרי כוכב אלא כוזב ר' עקיבא כד הוה חמי ליה
להדין בר כוזיבא הוה אמר היינו מלכא משיחא אמר לו ר' יוחנן בן תורתא
עקיבא יעלו עשבים בלחייך ועדיין אינו כא א"ר יוחנן קול אדריאנוס קיסר
הורג בביתר שמונים אלף רבוא בני אדם ושמונים אלף תוקעי קרנות היו צרין
על ביתר והיה שם בן כוזיבא והיו לו מאתים אלף מקוטעי אצבע שלחו לו
חכמים עד מתי אתה עושה לישראל בעלי מומין אמר להם והיאך יבדקו אמרו
לו כל מי שאינו עוקר ארז מלבנון אל יכתב בא סטרטיא שלך והיו לו
מאתים אלף מכאן ומכאן ובשעה שהיו יוצאין למלחמה היו אומרים לא תסעוד
ולא תכסוף הלא הוא דכתיב הלא אתה אלהים זנחתנו ולא תצא אלהים
בצבאותינו ומה היה עושה בן כוזיבא היה מקבל אבני בליסטרא באחד מארכובותיו
וזורקן והורג מהן כמה נפשות ועל זה אמר ר' עקיבא כך שלש שנים ומחצה
הקיף אדריאנוס קיסר לביתר והיה שם רבי אלעזר המודעי עסוק בשקו ובתעניתו
ובכל יום ויום מתפלל ואומר רבונו של עולם אל תשב בדין היום ולבסוף
נתן דעתו לחזור אתא חד כותאי ומצאו ואמר לו אדני כל יומין דהדא
תרנגולתא מתגנענע בקסטטמא לית את כביש לה אלא המתן לי דאנא עביד
לך דתכבשינה יומא דין מיד עליל ביה כבובא דמדינתא ואשכחיה לרבי

אלעזר דהוה קאים ומצלי עבד גרמיה לחויש באודניה דר׳ אלעזר המודעי
אזלון ואמרון לבר כוזיבא הביבך ר׳ אלעזר בעי לאשלמא מדינתא עם אדריאנוס
שלח ואתייה להההוא כותאי אמר ליה מאי אמרת ליה אמר ליה אין אנא אמר
לך מלכא קטיל ליה לההוא גברא ואין לית אנא אמר לך את קטיל לההוא
גברא אבל מוטב ליקטליה ההוא גברא לגרמיה ולא תתפרסים מיסטירין
דמלכותא בן כוזיבא סבר בדעתיה דבעי לאשלמא מדינתא יון דחם לרבי
אלעזר צלותיה ישלח ואתייה אמר ליה מה אמר לך הדין כותאי אמר ליה
לית אנא ידע מה להחיש לי באודנאי ולא שמעית ליה כלום דאנא בצלותי
קאימנא ולית אנא ידע מה הוה אמר נתמלא רוגזיה לבן כוזיבא יהב ליה חד
בעיטא ברילגיה וקטליה יצאת בת קול ואמרה הוי רועי האליל עוזבי הצאן
הרב על זרועו ועל עין ימינו אמרה לו אתה סמית זרועו של ישראל וסמית
עין ימין לפיכך זרועו של אותו האיש יבש תיבש ועין ימינו כהה תכהה
גרמו עונות ונלכדה ביתר ונהרג בן כוזיבא ואיתיאו רישיה לגבי אדריאנוס
אמר מאן קטליה לדין אמר ליה חד גונתאי אנא קטלתיה לדין אמר ליה זיל
ואייתי ליה אזל ואתייה ואשכח עכנא כריכא על צואריה אמר ליה אלו לא
אלהיה קטליה לדין מאן הוה יכיל ליה וקרא עליו אם לא כי צורם מכרם
היו הורגים בהם עד ששקע הסוס ברם עד חוטמו והיה הדם מגלגל אבנים
של ארבעים סאה והולך בים ארבעה מילין ואם תאמר שקרובה לים והלא
רחוקה מן הים ארבעה מילין וכרם גדול היה לו לאדריאנוס שמונה עשר מיל
על שמונה עשר מיל כמן טבריא לציפורה והקיפו גדר מהרוגי ביתר ולא
גזר עליהם שיקברו עד שעמד מלך אחר וגזר עליהם וקברו:

IVa.

אשקא דריספק חרוב ביתר דהוו נהיגי כי הוה מתיליד ינוקא שתלי ארזא
ינוקתא ישתלי תורניתא וכי הוה מנסבי קייצו להו ועבדי להו גננא יומא חדא הוה
קא הלפא ברתיה דקיסר איתבר שקא דריספק קצו ארזא ועיילו לה אתו נפול עלייהו
מחונהו אתו אמרו ליה לקיסר מרדו בך יהודאי אתא עלייהו: נדע בחרי אף
כל קרן ישראל א״ר זירא א״ר אבא א״ר יוחנן אלו פ׳ אלף קרני מלחמה
שנכנסו לכרך ביתר כשעה שלכדוה והרגו בה אנשים ונשים וטף עד שהלך
דמם ונפל לים הגדול ושמא תאמר קרובה היתה רחוקה היתה מיל תניא רבי
אליעזר הגדול אומר שני נחלים יש בבקעת ידים אחד מושך אילך ואחד
מושך אילך ושיערו חכמים שני חלקים מים ואחד דם במתניתא תנא ז׳ שנים
בצרו אומות העולם את כרמיהם מדמם של ישראל בלא זבל:

V. Midrasch Echa rabba 1, 16.

אדריאנוס שהזיק עצמות הושיב משמרות שליש בחמתא וחדא בכפר
ליקטיא וחדא בבית אל דיהוד אתא אמר דעדוק מן הכא יתצד מן הבא ודעריק
מן הכא יתצד מן הבא והוה מפיק כרוזין ומכריזין ואומרים אן ראית יהודאי

יתי דמלכא בעי למיתן ליה טילא והון יתהון ביהון משטייען וצדין יהודאין
הלא הוא דכתיב והי אפיים כיונה פותה אין לב וגומר שאיל מחורה איתין
צלו ישלא תינסבון אילין דבחיין דאיתכוננו לא נפקן ואילין דלא איתכוננו
נכנסו כולהון לבקעת בית ימון אמ־ לישר צבא ישלו עד שאני אוכל קרן
דגלוסקאן זו ויךך התרנגול זה אבקש אחד מהן ולא אמצא מיד והקיפום
לגיונותיו והרגום והיה הדם בוקע והולך עד שהגיע לקיפרוס נהר ורוח הקדש
צווחת ואומרה על אלה אני בוכה אילין הוו חכוישין מנהון אבלין בישר
קטיליהון בכל יום הוה מינפיק חד מינהו ומייתי להון ואינון אבלין יומא חד
אמר ייזיל כד ניש מאן אי משבח כלום מייתי ואנן אבלין מן דנפק אשתבחיה
לאכוה דקטיל נסביה וטמריה ויהב סימן עלוי עאל ואתא ואמ־ להו לא
אשתבחית כלום אמרי ייזיל כד ניש הורן אי משבח כלום מייתי ואנן אבלין
מן דנפק ההוא כד ניש הלך לריחיה חפיש ואשכחיה להחוא דקטיל אייתיה
ואבלוניה מן דאבלן אמר ליה מן אייתית דין קטלא אמר להו מן זוית
פלנית אמר ליה ומה סימן יהיב עלוי אמר ליה סימן פלן עני הוא בריה
ואמר ווי ליה להחוא גברא דמן בישרא דאבוי אכיל לקיים מה שנאמר לכן
אכות יאכלו בנים בקרבך וגומר:

Das Blutbad von בית רמון und das Elend der versteckten Entkommenen Männer und die Standhaftigkeit der Frauen. Die Erzählung kommt im Talmud nicht vor, scheint aber alt zu sein, und jedenfalls ein Stück aus dem Legendenkreise über ביתר S. §. 20.

VI. Talmud Babli Tr. Jebamot 122.

מעשה בששים בני אדם שהיו מהלכין לביבוס ביתר ובא גוי ואמר
חבל על יששים בני אדם שהיו מהלכין כדרך כיתר ישמתו וקברתים והשיאו
את נשותיהם:

Es begab sich, dass von 60 Männern, welche zur Belagerung von Veter gezogen waren, ein Heide kam und sagte: »Schade über 60 Männer, welche auf dem Wege von Veter zogen und umkamen. Ich habe sie begraben.« Auf diese Aussage hin haben die Rabbinen die Wiederverheirathung der Wittwe erlaubt. S. §. 9 und 16.

VII.

Talmud Babli Tr. Baba batra 75, b Rabbi Jose beschreibt das ehemalige Sephores:

תניא אמר ר' יוסי אני ראיתי צפורי בשלותה והיו בה מאה ושמונים
(אלף) שווקים של מוכת ציקן קדירה:

Es wird überliefert, dass R. Jose sagte: Ich habe Sephoris gekannt in seinem friedlichen Wohlstand, es hatte damals 180 Märkte mit Grünkramhändlern. S. §. 16. S. 34, Anm.

VIII.

Ich vervollständige die Sammlung hebr. Beilagen durch die zu den schwierigst dubiis vexatis gehörende Chronik im סדר עולם רבא Capitel 30. Nach einer Aufzählung von Nachfolgern Alexanders, worin der Chronist zeigt, dass er in der alten Geschichte nicht bewandert ist, sagt er:

,,מפולמוס של אסוירוס (פול) עד פולמוס של אספסיאנוס שמונים שנה אלו בפני הבית מפולמוס של אספסיאנוס עד פילמוס של טיטוס כ"ב ומפולמוס של טיטוס עד מלחמת בן כוזיבא ט"ז שנה ומלחמת בן כוזיבא ב' שנים ומחצה ג ב שנה אחר חרבן הבית'':

ביתר wird hier gar nicht genannt. Eine Parallele hierzu bietet Jalkut Daniel §. 1066. Sie lautet:

מפולמוס של אסוירוס ועד פולמוס רומיים של אספסיינוס שמונים שנה שבע עשרה שנה בית מלכות בית כוזיבא מפולמוס של אספסיינוס עד פולמוס של טיטוס נ"ב שנה מפולמוס של טיטוס עד מלחמת בית כוזיבא שלש שנים ומחצה:

Diesen räthselhaften Zeilen haben gelehrte Juden und Christen versucht mit ihrem Scharfsinne beizukommen, unter ersteren Rapoport in Erech Millin in den Artikeln אדריינוס אספסיינוס, אסוירוס, und Zunz in den Gottesdienstlichen Vorträgen S. 138. Der erste, welcher einen Lichtstrahl in die Personennamen geleitet hat, war der treffliche Asarja de Rossi, der in einer Handschrift קיטוס statt טיטוס gelesen hat, ohne seinen Fund nach dessen wahren Werth zu schätzen. Grätz war es vorbehalten, den Diamant kunstfertig zu schleifen und zugänglich zu machen. Aus טיטוס ist קיטוס d. i. Quietus geworden. Herzfeld hat das Verdienst alle die Versuche in Frankel's Monatsschrift 5ten Jahrgange 1856 S. 101 ff. gesammelt und gemustert zu haben. Seit dieser Zusammenstellung war das Chronicon aufs Neue von verschiedenen Gelehrten besprochen. Grätz selber hat seine Ansicht in der neuen Auflage des 4. Bandes geändert. Ich habe nicht die Aufgabe, eine neue Vermuthungs-Eule in dieses verbaute Athen zu bringen, das ich nur deshalb als hebräische Quelle aufzähle, weil sich darin zeigt, dass die Rabbinen den hadrianischen Krieg von den ersten Regierungsjahren Hadrians bis zu seinen letzten dauern lassen, und diese Quelle war auch die des Abraham b. Daud für seine Annahme einer Dynastie des Hauses Koseba. Nur Ein Scherflein will ich den verschiedenen Gaben zur Berichtigung der Stelle hinzufügen, indem ich die Lesart טיטוס statt קיטוס wieder herstelle, da es ja auffallend bleibt, dass nicht der Kaiser, sondern sein Feldherr genannt wird: die unrichtige Jahreszahl 24 zwischen dem Kriege des Vespassian in dem des Titus rührt nur daher dass Ein- und Abschreiber das כ״ד für zwei Zahlbuchstaben genommen, während nur das ד ein Zahlbuchstabe 4 ist, während das כ eine Partikel ist in der Bedeutung »ungefähr«. Der Chronist hat hier sehr richtig den vespanischen Krieg auf ungefähr 4 Jahre angesetzt. Die Parallelstelle im Jalkut spricht bestimmter »3½ Jahr«, denn hier sind augenscheinlich die beiden letzten Stellen versetzt und es muss heissen:

מפולמוס של אספ׳ עד פולמוס של טיטוס שלש שנים ומחצה מפולמוס של טיטוס עד מלכות (מלחמת) בן כוזיבא חמשים ושתים שנה ומלכות בן כוזיבא שבע עשרה שנה:

Im Seder ha-Dorot selbst sind ebenfalls nur einige leichte Versetzungen nöthig, um die Lesart טיטוס zu erhalten und zugleich die Abweichungen von Jalkut zu mindern. Man lese:

מפולמוס של טיטוס עד מלכות בן כוזיבא נ״ב שנה ומלכות בן כוזיבא י״ז שנה נ״ב אחר חרבן הבית:

Dass die Lesart מלכות vorzuziehen ist, wird jeder zugeben, der sich frägt, warum gerade bei Koseba das hebräische Wort מלחמת gebraucht wird, nach dem bei allen andern und auch beim Kosebakrieg selbst (in der Mischnah Sota IX.) das griechische Polemos gebraucht wird. Durch diese Richtigstellung des Textes haben wir das Zeugniss des Zeitgenossen des Hadrianischen Krieges, dass Koseba's Eroberung sich 16 Jahre erhalten und dass sie im Anfang der Regierung sich vollzogen hat und solche wichtige Resultate machen das Chronicon vor vielen Andern werth zu weiteren Forschungen.

Register und Zusätze.*)

Abraham b. Daud, berichtet eine 21jährige Dynastie Kosebas 13.
Aelia Capitolina. ihre Erbauung erwähnt 6 A. 7,a?
Akiba, 6 und Anm. 8 daselbst. 19—20.
Ariston v. Pella 2.

בר Personennamen damit s. den Hauptnamen z. B. בר כוזבא s. כוז
Basnage, H. 5.
Beckerath v. 1.
ברור חיל = γρουριον Chel 8 A. 11. Es muss dort Chel, nicht Ehel heissen.
Bether Bettar oder Bittar s. ביתר
Bet Schemesch 25 ff.
ביתר Schreibart bei Alten und Neuern 2. örtliche Lage, daselbst.
ביתר bei den Rabbinen kein typographischer Nachweis? 10. 14. Bedenken gegen dessen Existenz 21—25. muss Veter heissen 25. Orthographie 2. Bedenken gegen dessen Existenz 21.
Bikat Beth Rimmon 6. A. 6 für B. Beth Riman (?)
Bikat Jadajim f. B. Rachbath Jadajim 6.
Böcking. Herausgeber der „Notitiä 39.

Carcar. Cercar 40.
Cassel Ortsnamen s. Castra.
Cassel, Selig, später Paulus 5.
Cassius dio s. Dio.
Castel s. castra.
Castra 27. 28. 35. S. auch קצרא unter K.
Chel. der Raum um den Tempel zu Jerusalem. worin wohl die von Titus zurückgelassene Besatzung ihr Lager hatte. S. ברור חיל

Deroma דרומא (Bar) Befehlshaber von Tur Malka, einerlei mit Bar Koseba 10. 14.

*) In welchen auch einige Verbesserungen von Druckfehlern enthalten sind.

Dio, Cassius 11. 13. 17.

Dio caesarea, spätere Namen von Sephoris. 40. Diesen Namen kennt Josephus nicht, auch der Talmud nicht, und es scheint, dass Hieronymus ihn zuerst hat. Römische Autoren kennen nur eine solche Stadt in Kappadocien. S. Sephoris.

Ebene Jisreel, ihre verschiedene Namen 6. A. 6. Trakt. Baba Batra 61. b wird בקעה גדולה genannt, und das will Reland 365 für das Μέγα πεδίον halten; allein der Zusammenhang spricht dagegen, auch ist der Sprecher ein Babylonier, und beim Adj. fehlt der Artikel.

Eleasar aus Modain, angeblich Onkel des B. Koseba 16. 20. Henne genannt (!) 33.

Emendationen s. Lesart.

Ergebnisse 35.

Erleuchtung, von ביתר 23. von טור מלכא 36.

Ewald, H. 5. 18. 25. 36 Anm. 12.

Fronto, Cornelius, bezeugt die grosse Niederlage des Hadrian 3. 11.

Fronto, Cornelius, bezeugt die grossen Verluste Hadrians 3. 11.

Gabinius, setzt 5 Synadria ein. 23. 31. Ob es geistliche Behörden oder Verwaltungsräthe waren, oder ob das ganze Institut nur eine Erfindung von Josephus ist? Die Rabbinen kennen es nicht, Griechen und Römer wohl auch nicht.

Geschichtschreiber, um Hadrian 3.

Graetz, H, 5. 25. 38.

Hadrian. sein Wortbruch 6. Blutgier 9. gefährliche Lage 10. Autobiographie 11. sein Gedächtniss, daselbst 22 34. 35. s. Anwesenheit beim Heere 37. Schöner Zug, daselbst S. auch Fronto.

Herzfeld 26.

Hieronymus 13.

Huhn, das von ביתר, 32.

Hühnerpaar, das von Tur Malka. 31.

Jerusalem von Koseba erobert? 9.

Jochanan (b. Napchi), gewöhnlich ohne Vaternamen genannt. 4.

Jochanan b. Sakkai o. Saccai gleichzeitig im römisch. Lager mit Josephus Vorw. VI. 9. 16.

Jochanan b. Thoretha 7. 18.

Joredet ha-Zalmon 38.

Jose, über Sephoris 21. 36. Lesart 33. 34.

Josephus Flavius politisch und literarisch S. Jochanan der jüdische Livius (?). Vorw. VII. 4 und öfter.

Jost, M. Geschichtschreiber 5.
Josua b. Chananja, Römerfreund 7, 18.
Josua, das Buch der Samaritaner 22. 37.
Judenchristen 17.
Justus von Tiberias 4.

קסטרא קצרא = קצרא = Castra 29. 30.
Kefar Charuba = (כפר הרובא) 10.
Kocheba s. Koseba.
Koseba. Der jüd. Feldherr in diesem Kriege (bar), nicht Kocheba 6, Sein Feldzug 8. war bei den Rabbinen verhasst 9 und öfter. Heisst auch Bar Deroma 10. 14. Sein Name als Fürst ist Simon 14. 15. Grosser Krieger 15. Neffe des Eleasar von Modain (?) 16. 17—20. Dynastie (?) 13. Note * Habe der Erlösungszeit vorgegriffen 19. Zerstört Bethar 34 (?).

Lagerplätze der Römer (s. Castra) 27. 30.
Landtag, der vereinigte 1.
Lesart, neun in der Mischna 6 Anm. 7 a in der Septuaginta 26. 34 Anm.

Männer, die 60 erschlagenen. 21.
Maimonides 19.
Messias nach R. Akiba 6 Anm. 8.
Münter, F. 5. Glaubt die längere Dynastie Koseba's 13 Anm.
Münzen des Koseba 19.
Musafia, Benjamin, 30 Anm. 7.

Natan b. Jechiel Vorw. VII.
Neubauer, A. 25. 38.
Notitia dignitatum 26 Anm. 31.

Onkel, des B. Koseba (?) 16.
Opferfähigkeit, der Kämpfer 2.

Pancirolus, Herausgeber der „Notitia."
Pella, Stadt, wohin die Judenchristen vor der Belagerung Jerusalems flohen 17.
Plutarch 3 A.

Quellen, jüdische 3, römische Fehler, daselbst 20.
Quietus, Lucius 7, Anm. 10.

Rabba, der babyl. Amora, über Koseba 13.

Rabbinen partheiisch gegen Koseba 9. 15. S. Koseba. 37.
Rapoport, Meinung über ביתר 25.
Raschi (Salomon Isacides). versteht die Vetera von Sephoris unter ישנה 30.
Reland, H. 25. 38. Anm. 15. 40.
Ritter, C. über Sabura 39.
Robinson 25.
Romulus, angeblicher Thronfolger des B. Koseba's 13.
Rotteck, Carl, Parteimann gegen die Juden 12 A.
Rufes, angeblich 1. Nachfolger B. Koseba's 13.

Sabura s. Sephoris.
Salzer, Rabbiner Verf. v. gekrönter Preisschrift 5.
Samaritaner, Waffengenossen der Juden 8.
Santen oder Xanten Vetera 28.
Scherira Vorw. VII.
Schnell-Lauf, übernatürlicher 16.
Sephoris 9. 21. 25. 28. 29. 35. 40. S. Dio caesarea. Die 181 Märkte von Sephoris ist weniger Uebertreibung als falsche Erklärung des Wortes שוק, welches hebraisch nicht Markt, sondern Strasse heisst. Rabbi Jose sagt ganz ohne Uebertreibung, Sephoris habe 186 Strassen gehabt, wo Grünkram war. Talmud Tr. Berachot führt (in der Lesart des Alfasi) folio 53 auch שוקים v. Sephoris an und meint nur Strassen. — Die Geschichte von Sephoris zu bearbeiten, namentlich das Gelehrte Sephoris, wäre ein dankbares Thema für einen wissenschaftlichen Talmudisten.
Septuaginta, Lesart in, 26.
Siege der Juden verschwiegen 4.
Simon b. Gioras 15. S. auch Koseba.
Spartian 3.
Sterben, Ausdrücke dafür im Hebr. 7, Anm. 9.
Sunton 3 Anm. 4.

Talmud, verlorene Stücke im, 13.
Titus 24.
Tur Malka 3. 9. 10. 14. 31. 32. 41.

Uebertreibung bei den jüdischen Erzählern 4 und öfter. S. auch Jochanan.

V, Das lat. hebr. durch ב und Griechisch durch B 29.
Vespasian von Juden zum Kaiser gemacht Vorw. seine Habsucht 24. Gründer von Veter (ביתר) 28.

Xanten s. Santen.

ציפורי, ציפורין s. Sephoris.
צלמון 38.
צנברי = Sephoris 31.
Zunz, Meinung über ביתר 25.

Druck von C. Schulze und Co. in Schmiedeberg, Provinz Sachsen.